白话易经

文白对照

国学

秦 磊 ◎ 编著

陕西新华出版传媒集团·三秦出版社

图书在版编目（CIP）数据

白话易经 / 秦磊编著. —2 版. —西安：三秦出版社，2003.07（2022.5 重印）

（传统文化经典读本）

ISBN 978-7-80546-341-4

Ⅰ. 白… Ⅱ. 秦… Ⅲ. 周易 – 译文 Ⅳ. B221.4

中国版本图书馆 CIP 数据核字（2003）第 042823 号

传统文化经典读本

白 话 易 经

秦 磊 编著

出版发行	陕西新华出版传媒集团　三秦出版社
社　　址	西安市雁塔区曲江新区登高路 1388 号
电　　话	（029）81205236
邮政编码	710061
印　　刷	北京华强印刷有限公司
开　　本	710mm × 1000mm　1/16
印　　张	23.25
字　　数	265 千字
版　　次	2003 年 7 月第 2 版 2022 年 5 月第 2 次印刷
标准书号	ISBN 978-7-80546-341-4
定　　价	58.00 元

王　弼（226—249）

三国魏玄学家。著作有《周易注》、《周易略例》等。其注《易经》偏重哲理，一改汉代经学烦琐之风。《十三经注疏》即收入他与韩康伯的周易注。

总 序

中国是举世闻名的文明古国，其光辉灿烂的传统文化，已成为整个人类共同的精神财富。随着时代的进步，随着探索自然、认知社会的触角不断深入，人们比以往任何时候都迫切需要发掘传统文化宝藏，汲取更多的智慧和精神力量，来进行自我完善、自我提高，从而获取成功。于是许多人都不约而同地把目光投向那些历尽风雨淘洗的传世经典，吟之诵之，含英咀华。他们意识到，不了解唐诗宋词，没读过孔孟老庄，其麻烦不仅仅是难以达到辩才无碍的境地或获得博学多识的美誉，而且会在工作、学习及社会生活的许多方面遭遇尴尬。反之，熟知经典，以古为镜，以古为师，必定会在全新意义上的修身、齐家、治国平天下方面收到奇效。这方面例子很多，如国内某名牌高校从《易经》中提取"厚德载物"做为校训，培养了无数英才；日本企业家运用《孙子兵法》和《菜根谭》进行经营管理，屡创经济奇迹；某自然科学家要求弟子背诵《道德经》，作为攻克难关前的心理演练；某诺贝尔奖得主坦言，其所以能够历经磨难取得突破，全得益于《孟子》中的一句名言。近年来我国中小学实验教材不断加大古诗文比重以及高考试题频频"考古"，也是为了促进素质教育，培养一代新人。

传统文化经典很多，就存在一个轻重缓急和选择的问题，我们不赞成搞什么"百种必读"或"50种必读"，武断地制造一个封闭系统。我们认为中国传统文化经典宝库应当是开放的，其中异彩纷呈，玉蕴珠藏。所以我们推出这套《传统文化经典读本》丛书，第一批20种，只能说是向广大读者奉献的最基本的、应当最先了解的经典作品，包括《易经》、《论语》、《孟子》、《道德经》、《庄子》、《孙子兵法》、《幼学琼林》、《唐诗三百首》、《宋词三百首》、《元曲三百首》等。我们还将根据情况陆续推出第二辑、第三辑。值得说明的是,我社自上个世纪80年代就开始致力于传统文化经典的整理普及,是最早出版白话类经典读本的出版社之一。此次推出的这批图书都是精选版本、精选作者,付出了艰苦努力完成的,内在质量上乘,曾作为我社品牌图书,经受了市场的检验,受到读者的广泛好评。为适应新的形势,更好满足读者的需求,我们对其进行了重新改造整合,使之在版式、装帧等方面更趋考究精美。同时也希望读者多提批评意见,以便进一步改进。

魏全瑞

2003年7月

目　录

绪论 …………………………………………………………（ 1 ）
上经 …………………………………………………………（ 21 ）
　乾卦第一 …………………………………………………（ 21 ）
　坤卦第二 …………………………………………………（ 32 ）
　屯卦第三 …………………………………………………（ 39 ）
　蒙卦第四 …………………………………………………（ 43 ）
　需卦第五 …………………………………………………（ 47 ）
　讼卦第六 …………………………………………………（ 51 ）
　师卦第七 …………………………………………………（ 55 ）
　比卦第八 …………………………………………………（ 59 ）
　小畜卦第九 ………………………………………………（ 63 ）
　履卦第十 …………………………………………………（ 67 ）
　泰卦第十一 ………………………………………………（ 71 ）
　否卦第十二 ………………………………………………（ 75 ）
　同人卦第十三 ……………………………………………（ 79 ）
　大有卦第十四 ……………………………………………（ 83 ）
　谦卦第十五 ………………………………………………（ 87 ）
　豫卦第十六 ………………………………………………（ 91 ）
　随卦第十七 ………………………………………………（ 95 ）
　蛊卦第十八 ………………………………………………（ 99 ）
　临卦第十九 ………………………………………………（103）
　观卦第二十 ………………………………………………（107）

噬嗑卦第二十一……………………………………（111）

贲卦第二十二………………………………………（115）

剥卦第二十三………………………………………（119）

复卦第二十四………………………………………（123）

无妄卦第二十五……………………………………（127）

大畜卦第二十六……………………………………（131）

颐卦第二十七………………………………………（135）

大过卦第二十八……………………………………（139）

坎卦第二十九………………………………………（143）

离卦第三十…………………………………………（147）

下经……………………………………………………（151）

咸卦第三十一………………………………………（151）

恒卦等三十二………………………………………（155）

遯卦第三十三………………………………………（159）

大壮卦第三十四……………………………………（163）

晋卦第三十五………………………………………（167）

明夷卦第三十六……………………………………（171）

家人卦第三十七……………………………………（175）

睽卦第三十八………………………………………（179）

蹇卦第三十九………………………………………（183）

解卦第四十…………………………………………（187）

损卦第四十一………………………………………（191）

益卦第四十二………………………………………（196）

夬卦第四十三………………………………………（201）

姤卦第四十四………………………………………（206）

萃卦第四十五………………………………………（210）

升卦第四十六………………………………………（215）

困卦第四十七……………………………………（219）

井卦第四十八……………………………………（224）

革卦第四十九……………………………………（229）

鼎卦第五十………………………………………（233）

震卦第五十一……………………………………（237）

艮卦第五十二……………………………………（241）

渐卦第五十三……………………………………（245）

归妹卦第五十四…………………………………（249）

丰卦第五十五……………………………………（253）

旅卦第五十六……………………………………（257）

巽卦第五十七……………………………………（261）

兑卦第五十八……………………………………（265）

涣卦第五十九……………………………………（269）

节卦第六十………………………………………（273）

中孚卦第六十一…………………………………（277）

小过卦第六十二…………………………………（281）

既济卦第六十三…………………………………（285）

未济卦第六十四…………………………………（289）

系辞传（上）………………………………………（293）

系辞传（下）………………………………………（315）

说卦传………………………………………………（335）

序卦传………………………………………………（346）

杂卦传………………………………………………（353）

附录：主要参考书目………………………………（356）

绪　　论

　　1930年，一个东方人的名字震动了西方，他就是中国留法学生刘子华。这个名不见经传的年轻人用《周易》中的八卦原理推算出太阳系第十颗行星的质量、运行速度及轨道。他的论文《八卦宇宙论与现代天文》使他在一夜间成名并荣获博士学位。

　　1985年4月29日，一位龙的传人，美籍华裔科学家王赣骏博士由17次发射的美国航天飞机送上了太空，成为第一位遨游太空的中国人。王赣骏博士的航天服与众不同，他右臂上缀上了一个绘有《周易》太极图的别致臂章。这到底是为什么？不少人大惑不解，难道古老的太极图与航天飞行还有什么特殊的关系？

　　在第11届亚运会开幕式上，韩国运动员人人挥舞着一块红蓝两色的牌子，不少观众都十分诧异，不知其为何物，其实，那就是韩国国旗中央的红蓝两色构成的太极图。有趣的是，韩国国旗上，除了中央的太极图外，四周还镶有四个八卦符号。只此一斑，即可看出古老的《周易》传到国外后所产生的巨大影响。

　　当前，电子计算机已经进入了社会的各个方面，以计算机技术为代表的科技领域的"第三次浪潮"已经席卷全球。可是，又有谁会知道，被电子计算机广泛应用的数字二进位制原理，却是欧洲研究计算机的先驱莱布尼兹从中国《周易》的64卦中发现的。

　　在我国历史上，《周易》的巨大影响更是随处可见。在我国的封建社会一直占主导地位的儒家将《周易》尊为六经之首，儒家鼻祖孔子曾"读《易》韦编三绝"（《史记·孔子世家》），可见其用力之勤。黄老学派的思想更是与《周易》一脉相承，有人甚至说："一部《道德经》就是《易经》的注文。"传统中医与《周易》的关系就更不用说了，一代药王孙思邈有句名言："不知《易》，便不足以言知医。"

秦始皇焚书坑儒，大批书籍被付之一炬，而《易经》却能大难不死，安然幸免，不能不说是一个奇迹，大概这位一生暴虐的皇帝对《周易》的术数还是心有余悸吧！而关于诸葛亮"八阵图"的传说则更加富于传奇色彩。相传三国蜀相诸葛亮按照《周易》八卦中的奇门遁甲排成著名的"八阵"，困住了东吴大将陆逊，这位曾以火烧连营七百里而名声大噪的多智将军，却无论如何也逃不出铜墙铁壁似的"开、休、生、伤、杜、景、死、惊"八门。至于诸葛亮的占天候、借东风、造木牛流马等传说，都可以从《周易》的渊薮中找到依据。

以上数例，已充分说明了《周易》的神奇，它的魅力令无数中外有识之士倾倒，其巨大的潜能似乎至今仍远未释放出来，扑朔迷离的《周易》始终笼罩着神秘的光环。《周易》这部最古老却又最新奇、文字最浅显却又最难理解、经文甚短却注疏最夥（huǒ伙）的奇特经典，虽一直被尊为众经之首，但它同时却又是一个千古之谜。

近年来，读《易》研《易》者日渐增多，各地相继成立了不少《周易》学会，太极图成了会徽，易学成了热门话题，而且随着气功热的加温，易学热也有不断升温之势。但《周易》究竟作于何时，成于谁手，经传之间的关系如何，《周易》的真谛是什么，其在中国古代文化中究竟占有什么样的地位？诸如这些基本问题，不仅一般人不甚了解，就连专门研究《周易》的学者，也仍在那里争论不休，莫衷一是。

我们认为，《周易》是一部中国古代熠熠生辉的哲学著作，其中的辩证统一、矛盾转化的思想是我国古代哲学思想的精华。但《周易》中的哲学思想源于阴阳五行，和卜筮（shì是）结合在一起，因而充满了迷信色彩，这大概也是《周易》本身的固有矛盾吧！

为了弘扬民族文化，让《周易》从封建迷信色彩中解放出来，真正为人们所认识、所理解，我们编写了这本《大众白话易经》，一方面将64卦的卦爻辞用通俗的现代白话翻译出来，一方面介绍一些有关《周易》的基本知识，以期揭开《周易》的神秘面纱，还其以本来面目。

文王拘而演《周易》

《周易》的作者究竟是谁？《周易》是什么时代的作品？这个问题是接触《周易》的人首先遇到的问题。

《易·系辞传下》说："《易》之兴也，其于中古乎？作《易》者，其有忧患乎？"可见作《易传》的人本身也弄不清楚，《系辞传》只有提问而没有答案。

我国伟大的史学家司马迁回答了这个问题，他指出："文王拘而演《周易》（《报任安书》）。"又说："孔子晚而喜《易》，序《彖（tuàn）》、《系》、《象》、《说卦》、《文言》（《史记·孔子世家》）。"也就是说，司马迁认为，《周易》经文中的64卦、386爻，均是周文王姬昌被商纣王拘于羑（yǒu有）里时推演出来的，而《周易》的传文则源于孔子。这个问答正好符合《易·系辞传下》的提问，周文王被拘于羑里，当然是有"忧患"的。几千年来，由于司马迁的重大影响，更由于《史记》的广泛传播，这种说法得到了多数人的承认，殷故都河南安阳至今仍保存着"文王演易处"，供人们参观瞻仰，向人们诉说着周文王在这里演《易》的经过。

然而，这一说法究竟是否真实、是否符合实际呢？结论是否定的。据《周礼》载："太卜掌三易之法，一曰《连山》，二曰《归藏》，三曰《周易》。其经卦皆八，其别皆六十有四。"汉代经学大师郑玄在其《易论》、《易赞》中指出："夏曰《连山》，殷曰《归藏》，周曰《周易》。"这些文献记载说明，早在周文王被拘羑里之前的夏代和商代，就已经出现了以64卦为特征的《连山》、《归藏》。夏代的《连山》易以《艮（gèn）卦》为首，至今人们还不理解其中的原因。殷代的《归藏》易是以《坤卦》为首，则是因为（殷人尊重母统，在君位继承上以传弟为主，这反映了）殷代尚存在着较强的氏族制的影响。周代的《周易》以《乾卦》为首，这是一个伟大的变革，它反映周人尊重父统，在君位继承上传子，说明周代已经完全确立了阶级社会。

总之，夏代的易经称《连山》，殷代的易经称《归藏》，周代的易经称《周易》。《周易》不过是上古流传下来的三种易经中之一种，是在夏、商易学的基础上发展演变而来的。

《周易》64卦的出现，远在周文王被拘羑里之前，尚有考古材料可以证明。张政烺先生在其《帛书六十四卦跋》中曾介绍到，解放以后，在河南安阳四盘磨，陕西西安张家坡、岐山凤雏村、扶风齐家村等商代和西周早期遗址中，先后发现一些甲骨上刻着数目字，每六个数目字一行，与其他刻辞分开，这就是甲骨文中出现的数字卦。如1980年，陕西周原考古队在扶风齐家村西周遗址上采集到的一片甲骨上，即保存着五个数字卦，其中"六九八一八六"和"九一一一六五"两卦，第一次出现"九"字（见《文物》1984年第三期）。虽然由于文献缺佚及考古资料的缺乏，我们至今尚未找到《易经》64卦在夏代出现的实物资料及文献记载，但上述甲骨刻辞已经十分有力地说明了，64卦早在先周时期即已广泛使用，决不会晚至周文王之时。

文王演《周易》既然不可能，那么，孔子作《易传》之事又是否合乎实际呢？东汉著名学家班固在其《汉书》中，承继司马迁的说法而且更为肯定，他说："孔氏为之《彖》、《象》、《系辞》、《文言》之属十篇。"这种说法一直被视为定论。

北宋大文学家欧阳修在当时的疑古风推动之下，经过对《易传》内容的仔细推敲，发现《易传》中的《系辞传》、《文言》、《说卦》、《序卦》、《杂卦》等部分，不但有重复之嫌，还存在互相矛盾之处，不可能是一人所作，当然也就不可能是孔子所作的了。清代学者经过进一步考证，则完全推翻了《易传》为孔子所作的说法，这里就不再多说了。

当代多数学者认为，今本《周易》中的《易经》（包括卦的符号，卦、爻辞等）部分，早在西周以前就流传开了，最早当源于甲骨占卜，而到殷末周初之际，则形成了一部井然有序的《易经》，这也就是《易·系辞传下》所说的："《易》之兴也，其当殷之末世，周之盛德邪？当文王与纣之事邪？"孔子在整理六经时，肯定亦参与过《易经》的整理编定，其后，孔门弟子则参加了《易传》的写作，这个时期大约经历了整个春秋战国时代。到了汉代，由《易经》、《易传》两部分组成的、今日人们所习见的《周易》就基本定型了。但是，汉代尚保存着与今本《周易》不同的其他版本，1973年长沙马王堆三号汉墓出土的帛书本《周易》的卦序便与今本不一，这也从另一个角度说明《周易》并非作于一时，也不是成于一人之手。可以说，《周易》是一部远古从事卜筮的"贞人"与春秋战国、乃至汉代儒家学者的集体创作，其作者的人数之多和时间跨度之长，大概真可以进入《吉尼斯世界纪录大全》了！

阴阳五行与《周易》

自古以来，人们便将《周易》视为卜筮之书，虽同被列入六经之中，却并不与一般经书同样看待。《四库全书总目提要》指出："《诗》寓于风谣，《礼》寓于节文，《尚书》、《春秋》寓于史，而《易》则寓于卜筮。故《易》之为书，推天道以明人事者也。"由于《周易》与卜筮的关系以及变幻莫测的八卦符号等原因，使人们长期忽视了其内含的伟大哲学思想，即对立统一和辩证的思想，而《周易》的哲学思想又是建立在阴阳五行思想的基础之上。

杭州大学黎子耀先生经过多年对《周易》的研究，得出了上述结论。黎子耀先生在其《周易秘义·绪言》中指出："世界是由矛盾构成的。在我国，天文学家首先认识这个充满矛盾的世界。古代由于农业生产，需要制历授时，促进了天文学的发展。天文历法家观察日、月运行的规律，制定历法，并产生了阴阳五行思想，以反映自然和社会现象中所包含的辩证规律。阴阳是一对矛盾。五行是矛盾的属性，五行相胜是矛盾的斗争性，五行相生是矛盾的同一性。"

　　《周易》的"易"字，历来有很多不同的解释，其实，"易"字本身便是由"日"、"月"二字构成的。许慎《说文解字》便指出："日月为易，象阴阳也。"日月分别代表阳阴，日落月出，交相变化，故"易"的本义便是"变易"。一部《周易》便是讲万事万物变易的著作，西方将《周易》的书名译作《变化的书》，实在是得其要旨，是十分确当的。

　　《周易》中包含的阴阳五行思想首先反映在64卦的卦序及卦、爻辞中。64卦的次序主要采用了相邻两卦互为倒置的次序，而在每卦的爻辞中，又通过易象的变化说明了五行相生与五行相胜的哲理。在著名的太极图中，更是形象地表述了阴阳互相转化，此长彼消的原理。图中黑白相环，白为阳，黑为阴，白中有黑点，黑中有白点，表示阳中有阴，阴中有阳。《河洛原理》指出："太极一气产阴阳，阴阳化合生五行，五行既萌随含万物。"在另一幅太极五行图中，更是准确地描述了五行的方位，即：木在东，金在西，水在北，火在南，土居于中。

　　64卦以"乾、坤"为首，正反映了《周易》以阴阳贯穿全书的宗旨。乾为阳，坤为阴，64卦皆是通过一阴一阳两个符号重叠而成的。《庄子·天下篇》称："《易》以道阴阳。"易学大师宋代学者朱熹说："天地之间无往而非阴阳；一动一静，一语一默皆是阴阳之理。"（《朱子语类·读易纲领》）只有抓住"阴阳"这个纲，才能进入易学的广阔天地。

　　《周易》与阴阳五行的关系，还反映在《易传》之中。我们知道，今本《周易》分《易经》和《易传》两个部分。《易经》即64卦的卦形以及卦、爻辞。《易经》分上下两篇，上篇30卦，由《乾卦》至《离卦》；下篇34卦，由《咸卦》至《未济卦》。上篇又称上经，下篇又称下经。《易传》即所谓的《周易》"十翼"。《易·系辞传上》明确指出："一阴一阳之谓道。"《易·系辞传下》又说："乾，阳物也。坤，阴物也。阴阳合德而刚柔有体，以体天地之撰，以通神明之德。"《易传》在解经时，充分阐发了阴阳五行思想。

有人认为，《周易》"十翼"是指"春秋战国时期的《易传》：《彖》上下、《象》上下、《文言》、《系辞》上下、《说卦》、《序卦》、《杂卦》，东汉《易纬·乾凿度》、《易纬·乾坤凿度》、《易纬·坤灵图》"（见杨力《周易与中医学》）。这种说法其实是不正确的，之所以产生这种误解是由于忽略了《周易》与阴阳五行思想的关系。《周易》"十翼"号称十翼却只有七篇并不是偶然的。《易经》分上下篇，因此《易传》中的《彖传》、《象传》、《系辞》均分为上下篇，故在"十翼"中却占到六种。《文言》是专门解释《易经》的核心《乾》《坤》两卦的，它与《说卦》、《序卦》、《杂卦》便是"十翼"中的另外四种。"十翼"虽只七篇，却恰恰代表了阴阳五行，并且正好对应了日月五星（指日、月、金、木、水、火、土星）。

在夏、商、周，以至整个春秋战国时期，阴阳五行思想占据着统治地位，其成为同时代诞生的《周易》的哲学思想基础也就不足为奇了。只有用阴阳五行思想来剖析《周易》，才能洞悉《周易》中隐语的真正奥秘及深刻哲理。

《周易》"十翼"的基本内容

《易传》是解经之作，旨在解释《易经》的要言大义，因为它们好像《易经》之羽翼，又恰好是七种十篇，故称"十翼"。《易经》与《易传》，如上所述，其作者均非一人，亦非出于同时。总的来说，是先有以64卦为主的《易经》，后有解释《易经》的《易传》，经传原来并未在一起合编，只是到了汉代，崇尚经学，易学的地位也日益提高，只是到这时，始将经传两部分合编在一起。据史书记载，一说西汉的费直将传合于经中，一说东汉的经学大师郑玄将传文置于经文之后。孰是孰非，迄无定论，但这一经传合编本自汉代定型后，相沿至今，则是公认的事实。人们如今谈起《周易》，不仅包括传统的《易经》，同样也包括自汉代便并入其中的《易传》。

《文言》是"十翼"中的第一种第一篇，其旨在解说《乾》、《坤》两卦，故有人又称为《乾文言》、《坤文言》，但《文言》并不分为上下篇，而只是《周易》"十翼"七种十篇中的一种一篇。《乾》、《坤》两卦是整个64卦的纲，又恰好代表了阴阳五行中的阳、阴，因此在《易传》的首篇，便加以详尽的说明。这便是《文言》的要旨大义。

《彖传》是"十翼"中的第二种第二、三篇。有人认为《彖传》中的彖辞是断语，有人则干脆认为是卦辞，但从实际来看，彖辞只是对卦、爻辞的具体解释，有时则是为了揭示该卦、该爻的主题。彖辞对64卦卦、爻辞一一进行了解释，64卦分为上下两部分，因此《彖传》也分为上下两篇。彖辞对理解卦、爻辞很有帮助，是研究《周易》之不可多得的宝贵材料。

《象传》是"十翼"中的第三种第四、五篇。按照上下经的划分，亦分为上下两篇。象辞旨在分析讲说卦、爻辞的象征意义。还有一种分法是根据释卦辞还是释爻辞而划分的，其中，专门释64卦卦辞者，被称为《大象传》，专门释386爻爻辞者，被称为《小象传》。

《系辞传》是"十翼"的第四种第六、七篇。《系辞传》之所以分为上下两篇，与《彖传》、《象传》的原因不同，主要是因为篇幅较长，分成上下两部分更能使眉目清楚。《系辞传》是有关《周易》全书宗旨的一篇系统、详尽的通论。《系辞传》中不仅提出了对《周易》作者和成书年代的推测，还讲了筮法，以及阐发了《周易》的微言大义，并举例解释了部分爻辞的象征意义。《系辞传》有助于加深对经文的全面理解，是读懂弄通《易经》的钥匙。

《说卦传》是"十翼"的第五种第八篇，是阐述八卦取象的专论。《说卦传》详细讲述了"先天八卦"、"后天八卦"的两种不同方位，又重点说明了八卦所代表的基本物象以及其所象征的人或事物。《易经》是以象征手法来表达其哲学内容的，不明白其象征意义，则无法揭示其规律和内涵，而要了解易象，《说卦传》则是重要的资料。

《序卦传》是"十翼"的第六种第九篇，主要讲的是《易经》64卦的次序，以及它们之间的关系。《序卦传》分为两段，上段讲上经30卦，下段讲下经的34卦。因《序卦传》篇幅短小，故不分做两篇，而是在一篇中分成两段来叙述。全篇虽然未出现《乾》、《坤》两卦卦名，但皆以"天地"代表乾、坤，并分别在两段的开头便讲"天地"，这也从一个侧面反映了《易经》是用代表阴阳的《乾》《坤》两卦来统率其他62卦的。

《杂卦传》是"十翼"的第七种第十篇，是《序卦传》的姊妹篇。《杂卦传》虽然讲的也是64卦，但它将64卦的原有次序打乱，并两两一组，分成32组，然后用极精炼的语言来解释卦义。这种将64卦两两相对的排列，反映了《周易》作者朴素的辩证统一思想，是我国古代哲学思想的精华。

为了便于阅读，本书将《文言传》散附于《乾》、《坤》两卦中，将《彖传》、《象传》分列于各卦的卦、爻辞之后，并分别译成白话，以帮助读者理解。为了保证《周易》"十翼"的完整性，我们将《系辞传》、《说卦传》、《序卦传》、《杂卦传》也附于64卦之后，亦分别辅以白话译文，这样，对于读者来说，既保证了《易传》的完整，又方便了阅读，这是需要说明的。

阴阳、八卦及六十四卦

《周易》的神秘，在很大程度上与八卦及64卦符号有关，而八卦及64卦的符号本身却是用最简单的代表阴、阳的两个符号组成，阳用"—"，阴用"--"表示，据有关专家研究表明，这两个符号应是男女生殖器的象征，是原始生殖崇拜的孑遗，阴阳五行思想，也同样是源于这种原始崇拜。

由阴、阳两个符号自身重叠便形成所谓的老阳"⚌"和老阴"⚏"；

而如果它们交相重叠,便形成少阳"⚎"和少阴"⚏"。卦符的增加和减少以及排列次序的不同,反映了阴阳之间的消长规律。

由阴、阳两个符号三重叠而成的卦形,即是八卦。八卦又分为"先天八卦"和"后天八卦"。"先天八卦"因相传为伏羲氏所创,亦称"伏羲八卦";"后天八卦"相传为周文王所创,亦称"文王八卦";二者之卦形、卦象皆同,唯排列方位和次序不一。"先天八卦"的方位为乾南坤北、离东坎西,其排列顺序为:乾、兑(duì 队)、离、震、坤、艮、坎、巽(xùn 逊)。"后天八卦"的方位为离南坎北、震东兑西,其排列顺序为:乾、坎、艮、震、巽、离、坤、兑。1973年长沙马王堆三号汉墓出土的帛书本《周易》,其八卦排列顺序与"先天八卦"、"后天八卦"均不同为:乾、艮、坎、震、坤、兑、离、巽。一般均采用"后天八卦"。

八卦的卦形符号,是64卦的基础,必须首先掌握。为了帮助读者熟记八卦符号,我们特将宋代学者朱熹在《周易本义》中所载的《八卦取象歌》摘录于后:乾三连、☰;坤六断,☷;震仰盂,☳;艮覆盌(wǎn 碗),☶;离中虚,☲;坎中满,☵;兑上缺,☱;巽下断,☴。只要大家熟记《八卦取象歌》,就可以牢牢掌握八卦符号。破除了对八卦符号的神秘感,你就可登堂入室,去窥探《周易》的奥秘了。

八卦与其对应象征物的关系也十分重要,《周易》中的不少篇章是靠通过其对应象征物才能理解的,因此,我们把八卦及其主要对应象征物的关系表列如下:

乾	坤	震	巽	坎	离	艮	兑
天	地	雷	风	水	火	山	泽
健	顺	动	入	陷	丽	止	说
马	牛	龙	鸡	豕	雉	狗	羊
首	腹	足	股	耳	目	手	口
父	母	长男	长女	中男	中女	少男	少女

八卦只有8个符号，变化比较简单，难以适应《周易》解释天下万物的需要，因此又将八卦两两相重，重新组成了64种卦形符号，并由此产生了著名的64卦，64卦卦形由两个八卦符号组成，下三爻称"下卦"（一名"内卦"），上三爻称"上卦"（一名"外卦"）。"下卦"象征事物发展的开始阶段，"上卦"象征事物发展的完成阶段。

64卦每卦均有6爻，由下而上，分为6个爻位，称：初、二、三、四、五、上。如该爻是阳爻，则在该爻数字前加上"九"；如该爻是阴爻，则在该爻数字前加上"六"。比如《屯卦》（䷂），第一爻称"初九"，第二爻称"六二"，第三爻称"六三"，第四爻称"六四"，第五爻称"九五"，第六爻称"上六"。其他卦依此类推，每卦6爻，共384爻。需要说明的是，《乾卦》在"上九"之后，多一条"用九"；《坤卦》在"上六"之后，多一条"用六"；所以，64卦实际上总共有386爻，但一般人还是经常称64卦384爻，这是一种习惯性的说法。

在每卦的6爻之中，还有奇、偶和阴、阳之分。初、三、五为奇，为阳位；二、四、上为偶，为阴位。如果阳爻居阳位，阴爻居阴位，称为"当位"。"当位"之爻，一般象征符合事物发展规律，比较顺利。若阳爻居阴位，阴爻居阳位，则属"不当位"。"不当位"之爻，表示违反事物发展规律，容易出问题。"当位"之爻与"不当位"之爻所代表的趋势，还可能发生转化，分别转向其对立的方面。

此外，每卦6爻之中的第二、第五爻分别为下卦、上卦的中位。《周易》全书崇尚中庸之道，故居中位者则吉祥。无论是阳爻居中位，还是阴爻居中位，皆称"中"，表示行为正大光明，端端正正。若是阳爻处于第5爻位，阴爻处于第2爻位，则称"中正"，象征事物发展顺遂，结果无限美好。

每卦的爻位还具有一定的象征意义，自下而上的6爻，象征事物发展的整个过程。其所以规定爻位是先下后上，由下而上，据说是因为《易》气从下生"（《易纬·乾凿度》）的缘故。一般地讲，"初"

位象征发端,"二"位象征进取,"三"位象征小有成就,"四"位象征继续前进,"五"位象征获得较大成果。"六"作为承前启后之位,结束过去,开辟未来。旧说也有以"初"位代表百姓,"二"位代表卿大夫,"三"位代表诸侯,"四"位代表御前重臣,"五"位代表皇帝,"上"位代表太上皇。总之,六爻是影响64卦的主要因素,必须首先理解清楚。

在弄清爻位所代表的含义之后,对进一步掌握64卦也会产生较大的帮助,64卦表面复杂,变化多端,若不掌握规律,似乎是乱麻一团,但若稍加分析则可以发现,64卦的编次还是有一定规律的。其中,《乾》(䷀)、《坤》(䷁);《颐(yí 遗)》(䷚)、《大过》(䷛);《坎》(䷜)、《离》(䷝);《中孚(fú)》(䷼)、《小过》(䷽)等八个卦,是以两两之间对应的六爻交相变化为特征的,即两卦之间所对应的每一爻互相都是相反的。此卦第一爻为阳爻,彼卦第一爻必为阴爻;此卦第二爻为阴爻,彼卦第二爻必为阳爻。除上述八卦外,其余五十六卦两两之间均以"反对卦"相次,即两卦的上下三爻分别颠倒位置而成。比如:《屯(tún 囤)》(䷂)、《蒙》(䷃);《需》(䷄)、《讼》(䷅)等卦,均是如此。

此外,64卦的整体编排次序也是颇具匠心的,它是按照事物发生、发展的顺序安排的。如《乾卦》代表阳,象征天,象征君主,正如《象传》所说:"大哉乾元,万物资始,乃统天。"《坤卦》代表阴,象征地。《象传》曰:"至哉坤元,万物资生,乃顺承天。"《序卦传》说:"有天地然后万物生也。"乾、坤分别代表阴阳,阴阳交合,当然会滋生万物。所以64卦的第三卦《屯卦》便表示降生,《序卦传》说:"屯者,物之始生也。"接着的第四卦《蒙卦》是讲教育的,因物之始生,必处于蒙昧状态,所以必须进行启蒙教育。《序卦传》指出:"物生必蒙,故受之以蒙。蒙者蒙也,物之稚也。"中间的其他各卦则主要是说明事物发展的全过程。到第63卦《既济》,则表示事物已发展至尽头，斗争已经结束。第 64 卦《未济》更有着伟大意义，它表示旧的过程结束了，旧的矛盾结束了，但新的事物又会出现，新的过程又将开始，新的矛盾又要展开，万物就是这样循环发展，没有止境。正如《序卦传》所说："物不可穷也，故受之以《未济》终焉。"清代诗人龚自珍曾有感于《未济》之哲理，而在其《己亥杂诗》中曰："《未济》终焉心缥缈，百事翻从缺陷好。吟到夕阳山外山，古今谁免余情绕？"

为了帮助读者熟记 64 卦卦名及卦序，特将《周易本义》中之《上下经卦名次序歌》录于后，以备翻检：

《乾》《坤》《屯》《蒙》《需》《讼》《师》，

《比（bì 必）》《小畜》兮《履》《泰》《否（pǐ 痞）》。

《同人》《大有》《谦》《豫》《随》，

《蛊（gǔ 古）》《临》《观》兮《噬（shì 是）嗑（hé 合）》《贲（bì 必）》。

《剥》《复》《无妄》《大畜》《颐》，

《大过》《坎》《离》三十备。

《咸》《恒》《遯（dùn 盾）》兮及《大壮》，

《晋》现《明夷》《家人》《睽（kuí 葵）》。

《蹇（jiǎn 剪）》《解》《损》《益》《夬（guài 怪）》《姤（gòu 构）》《萃（cuì）》，

《升》《困》《井》《革》《鼎》《震》继。

《艮》《渐》《归妹》《丰》《旅》《巽》，

《兑》《涣》《节》兮《中孚》至。

《小过》《既济》兼《未济》，

是为下经三十四。

古人又有"八宫卦"之说，即以八纯卦各主一宫，《乾》、《坎》、《艮》、《震》为阳四宫，《巽》、《离》、《坤》、《兑》为阴四宫，八宫相合而 64 卦遂全。今将《周易本义》中之《分宫卦象次序歌》（附卦符）录于后，以备参考：

乾宫：乾为天（☰）；天风姤（☰）；天山遁（☰）；天地否（☰）；风地观（☰）；山地剥（☰）；火地晋（☰）；火天大有（☰）。

坎宫：坎为水（☰）；水泽节（☰）；水雷屯（☰）；水火既济（☰）；泽火革（☰）；雷火丰（☰）；地火明夷（☰）；地水师（☰）。

艮宫：艮为山（☰）；山火贲（☰）；山天大畜（☰）；山泽损（☰）；火泽睽（☰）；天泽履（☰）；风泽中孚（☰）；风山渐（☰）。

震宫：震为雷（☰）；雷地豫（☰）；雷水解（☰）；雷风恒（☰）；地风升（☰）；水风井（☰）；泽风大过（☰）；泽雷随（☰）。

巽宫：巽为风（☰）；风天小畜（☰）；风火家人（☰）；风雷益（☰）；天雷无妄（☰）；火雷噬嗑（☰）；山雷颐（☰）；山风蛊（☰）。

离宫：离为火（☰）；火山旅（☰）；火风鼎（☰）；火水未济（☰）；山水蒙（☰）；风水涣（☰）；天水讼（☰）；天火同人（☰）。

坤宫：坤为地（☰）；地雷复（☰）；地泽临（☰）；地天泰（☰）；雷天大壮（☰）；泽天夬（☰）；水天需（☰）；水地比（☰）。

兑宫：兑为泽（☰）；泽水困（☰）；泽地萃（☰）；泽山咸（☰）；水山蹇（☰）；地山谦（☰）；雷山小过（☰）；雷泽归妹（☰）。

《周易》的卜筮方法

古人是用《周易》来进行占卜的，尽管我们不相信占卜的结果，但学习《周易》，还是有必要弄清其占卜的方法，即筮法。有关筮法，《系辞传上》有比较详细的说明，朱熹《周易本义》卷首又有《筮仪》一文，二者之文字或有不同，但其方法却基本上是一致的。

占卜是用蓍（shī）草进行的。相传蓍草可活百年，一枝可生出百茎，这些其实都是卜筮者有意神化蓍草的作用。蓍草与筹、策等相同，均是用于占筮的计数工具，并无甚神秘性可言。占卜便是为了求出一卦的卦象，古人的方法是这样的，取50根蓍草，用右手取出一根置于一旁，作为太极，然后再分四个步骤进行：

1、分二。将其余的49根蓍草，随手一分为二，两只手各拿一部分。

2、挂一。任意从一只手拿着的蓍草中取出一根，放在一旁。这时两手共持有蓍草为48根。

3、揲（dié 蝶）四。将两只手中所持的蓍草分别四根一组、四根一组地取出。若两手中的蓍草恰好均能被取尽，则将最后一组（两手各一组）不取走，而视为余数，即余数为8。若两手中的蓍草经过四个一组、四个一组地取走后，最后未能取尽，则两手中所剩余的蓍草，即为余数，此余数之和必为4。

4、归奇。将两只手中所剩余的蓍草归并到一处。如上所述，因为是用48根蓍草分成两部分后再分别除以4，则归奇后的蓍草数目，只可能为8或4。如各剩4根，则其和为8，否则，则必剩下1+3或2+2，其和均为4。

至此，即已完成了第一变。第一变完成之后，接着进行第二变，进行第二变时，是将第一变时"归奇"的蓍草去掉，即去掉4根或8根，再去掉"挂一"的那一根，则进行第二变时的蓍草只可能是40根或44根。第二变的方法与第一变相同，仍为"分二"、"挂一"、"揲四"、"归奇"等步骤，所不同的是，在计算余数时，要将"挂一"的那一根加上，而第一变计算余数时，是不算"挂一"的那一根的。这时，因蓍草数目为40根或44根，则"挂一"后的总数必为39根或43根，"分二"、"揲四"后的两手蓍草余数必为1+2或3+4两种，再加上"挂一"的那一根，则第二变的余数亦为非4即8。

然后用第二变剩下的蓍草进行第三变，两变后的剩余蓍草数目则可能是32（两次各去掉8根）、36（一次去掉4根，一次去掉8根）、40（两次各去掉4根）。按照与第二变完全相同的办法进行第三变，其最终所得的余数亦必为4或8。

将三变后的蓍草余数分别相加，其和必然会出现四种情况，即：8+8+8=24；4+4+4=12；8+8+4=20；4+4+8=16。

用48分别减去上述三变余数之和，其结果是：48-24=24；48-12=36；48-20=28；48-16=32，所得之差再分别除以4，则最后结果必然得到6、9、7、8四个数字。在这四个数字中，奇数的7和9代表阳爻，偶数的6和8代表阴爻。如果得到7或9时，则记下一个阳爻符号（—）；如果得到6或8时，则记下一个阴爻符号（--）。即是说，经过三变后，只能得出一爻的符号，或是阳爻，或是阴爻。

将上述三变的过程再重复五次，即共进行18变后，才能得出一卦的全部6爻。这也就是《系辞传上》所说的："十有八变而成卦。"

在占筮中尚存在着"变卦"，这就使占卜的结果更为变化莫测。"变卦"的规律是这样的：如上所述，在求一卦的全部六爻时，每三变便得到一个数字，而这些数字不外乎是"9、8、7、6"四个数字。在四个数字中，"7"为少阳，"8"为少阴，均系不变爻，即得到少阳（7），即记下阳爻（—），得到少阴（8），则记下阴爻（--）。"9"为老阳，"6"为老阴，称为变爻，得到老阳（9），要记下阴爻（--），而得到老阴（6）时，要记下阳爻（—）。占筮所得之卦形称为"本卦"，而经过"变卦"后形成的卦形则被称为"之卦"。

既然存在着"本卦"和"之卦"，那么，在出现"变卦"的情况下，究竟是依据哪条卦、爻辞去进行占断呢？基本上是依照下列原则办的：①若6爻皆为不变爻（7、8），则以"本卦"卦辞去占断。②若6爻皆为变爻（6、9），则6爻全变，以变后的"之卦"卦辞占断。其中，若6爻均为"9"时，则以《乾卦》之"用九"的爻辞占断；若6爻均为"6"时，则以《坤卦》之"用六"的爻辞占断。③若6爻之中，只有一爻为变爻，则以该变爻爻辞占断。④若6爻之中，5爻均为变爻，而只有一爻不变，则以该不变爻的爻辞去占断。⑤若6爻之中，变爻多于不变爻，则以变后的"之卦"卦辞占断。⑥若6爻之中，变爻少于不变爻，则以"本卦"的变爻爻辞去占断。⑦若变爻与不变爻相等（各为3爻），则分别以"本卦"和"之卦"的卦辞占断。

在我国传统史书《左传》、《国语》中，记载了不少占卜实例，基本上便是依照上述原则进行占断的。我们在这里介绍了《周易》的筮法，其目的是供研究历史时作为参考。时值今日，再利用《周易》进行占卜，则是不可取的。

《周易》的流传及其他

综上所述，《周易》的形成经历了漫长的历史时期。《周易》源于远古的占卜，贞人在甲骨上钻灼后，根据龟甲兆纹的变化预测吉凶，并把占卜的结果刻在甲骨上。龟甲裂纹的变化便是"象"，而贞人刻在甲骨上的卜辞便是"断语"，《周易》的卦象及卦、爻辞这两个基本的部分无疑是由远古的占卜演变而来的。

夏代的易经称《连山》，殷代的易经称《归藏》，周代的易经称《周易》。《周易》既不是成于一时，也不是成于一个人之手，64卦既非周文王拘于羑里时所演，《易传》亦非孔子亲手所作。

《易经》的创作时期约从夏代至殷末周初之际，它的作者既有负责占卜的贞人，也有负责宗庙、祭祀、历法、占候事物的官员。《易传》的成书应晚于《易经》，孔子参加过整理《易经》的工作，孔门弟子则参与了《易传》的写作，春秋战国乃至汉代的不少儒家学者，也参加了《易传》的集体创作。我们今天流行的经传合编的《周易》，定型于汉代，汉代尚保存着与今本《周易》不同的其他版本，如1973年长沙马王堆汉墓出土的《周易》帛书本。

《周易》被儒家尊为六经之首，它又作为卜筮书而幸免于秦始皇的焚书之劫，从先秦至近代的不少学者均尊崇《周易》，并撰写了3000多部注释《周易》的著作，可谓洋洋大观，居于群经之首。浩瀚的易林形成了独特的中国易学史。两千多年来，易学大致可分为象数和义理两大流派。象数派主要以八卦所象征的各种物象去解释卦、爻辞。义理派则主要以卦意去解释卦、爻辞，旨在阐述《周易》的哲学意义。

汉代是《周易》研究的第一个高峰，开创了象数派的先河。其主要的易学著作有孟喜的《周易章句》，焦赣的《焦氏易林》（一说此书为王莽时人崔篆所著），京房的《京氏易传》，荀爽、虞翻、郑玄的《周易注》，以及魏伯阳的《周易参同契》和郑玄注的《易纬》八种等。《易纬》八种也是解经的重要著作，成书于西汉，后则湮没无闻，东汉郑玄搜集整理成《易纬》八种，即：《易纬·乾凿度》、《易纬·乾坤凿度》、《易纬·坤灵图》、《易纬·稽览图》、《易纬·乾元序制记》、《易纬·通卦验》、《易纬·辨终备》、《河图纬》。汉代易学多以象数解《易》，以注释为主，不多发挥，在我国易学史上占有独特的地位。

魏晋的易学以王弼的《周易注》最受推崇，这是一部义理派的成名之作，相传"传《易》者，西都则有丁、孟、京、田；东都则有荀、刘、马、郑，大体更相祖述，非有绝伦；惟魏世王辅嗣（王弼字辅嗣）之注，独冠古今，所以江左诸儒并传其学，河北学者罕能及之"（唐孔颖达《周易正义·序》）。

有唐一代，王弼的《周易注》占据了主要地位，唐代初年所撰修的《五经正义》中之《周易正义》，便是采用了王弼、韩康伯（晋人）的注，而由孔颖达作疏。唐代比较重要的易学著作尚有李鼎祚的《周易集解》。这是一部属于象数派的作品，其可贵之处在于将汉以来35家象数派的学说汇集于一书，保存了珍贵的资料。

宋代是易学研究的第二座高峰。这期间出现了大批重要的易学著作，如：朱熹《周易本义》、程颐《易传》、司马光《温公易说》、张载《横渠易说》、苏轼《东坡易传》、朱震《汉上易传》、项安世《周易玩辞》、李杞《周易详解》、杨万里《诚斋易传》、李过《西谿易说》等。

其中，著名学者朱熹的《周易本义》，融易理派与象数派于一书，是易学的集大成之作，流传至今，影响很大。程颐的《周易传》是宋代义理派的代表作，有很多精辟的见解。值得一提的还有邵雍的《皇极经世》。邵雍以献"先天图"（即"六十四卦方位图"）而出名，相传此图辗转得自于华山道长陈抟，以外圆内方为其特点。据说17世纪欧洲的莱布尼兹正是看到此图后，才悟出"二进位制"数学原理的。著名的《河图》、《洛书》图也源于邵雍。由于邵雍开风气之先，后代以图解《易》者，遂成为一个流派。

元明之际也有一些重要的易学著作问世，如：元吴澄《易纂言》、元胡震《周易衍义》、明胡广《周易大全》、明蔡清《易经蒙引》、明蒋士龙《周易心灯》、明来知德《来瞿唐先生易注》、明刘定之《易经图解》等。明代中叶以后，还出现了以禅解《易》之风，如明释智旭所著的《周易禅解》等，以佛家思想解《易》成为明代《周易》研究的一个分支。

清代是《周易》研究的第三座高峰。清代学者对象数派和义理派的《易》理，都做了进一步的发挥。这一时期，《周易》研究著作不仅数量多、涉及面广，而且不乏真知灼见。清代易学研究的代表作有：惠栋《易汉学》、《周易述》、朱骏声《六十四卦经解》、陈梦雷《周易浅述》、查慎行《周易玩辞集解》、王夫之《周易内传》、李光地《周易折中》、黎世序《河上易注》、吴汝纶《易说》、胡渭《易图明辨》等。

近代学者从史学、文学、医学、自然科学等多种角度去探讨《周易》中的奥秘，并对《周易》的作者、起源、创作年代等问题进行了深入的研究。其中，杭辛斋以其《易数偶得》、《学易笔谈初集》、《学易笔谈二集》、《易楔》等著作，卓然一家。尚秉和的《焦氏易诂》、《焦氏易林注》、《周易尚氏学》等书，对象数之学的研究，颇为精到。

当代学者也有不少研《易》之作问世，如高亨《周易古经今注》、

《周易大传今注》，李镜池《周易探源》，黄寿祺、张善文《周易译注》，金景芳、吕绍纲《周易全解》等。当代学者开始用马列主义、辩证唯物主义去研究《周易》。在六十年代，曾集中讨论过研究《周易》的方法论问题；在马王堆帛书《周易》公布后，又引起了一场有关卦序、卦爻辞文字、《卷后佚书》考证、《系辞传》残卷辨析的大讨论，引起海内外的轰动。

我们相信，只要掌握了正确的方法去研究《周易》、解释《周易》、运用《周易》，《周易》这部熠熠生辉的古代哲学著作，在社会主义的今天，就一定会发出更加夺目的光华。对一些在学习《周易》中出现的偏差，要加以正确的引导，既要防止走向唯心主义、追求占卦算命的歧途，也不要因噎废食，把孩子和脏水一齐倒掉。

我们编写这本《大众白话易经》，其主要目的便是介绍有关《周易》的基本常识和帮助理解文义深奥的卦爻辞，以利于读者今后进一步去窥探《周易》的奥秘。由于本身水平所限，难免会有不少缺点和错误，欢迎批评指正。

如果说，这本小书能给学习《周易》者带来某种方便，那正是我们所希望的。去伪存真，古为今用，仍然是今天研习《周易》者的基本方针。但愿《周易》这部古老的哲学著作能使人去掉愚昧，使聪明者更聪明。

◇ 上 经 ◇

乾卦第一

☰ 乾（天）下乾（天）上

乾： 元，亨，利，贞。

【白话】

《乾卦》象征天；元始，亨通，和谐，贞正。

【原文】

《彖》曰：大哉乾元！万物资始，乃统天。云行雨施，品物流形。大明终始，六位时成，时乘六龙以御天。乾道变化，各正性命，保合太和，乃利贞。首出庶物，万国咸宁。

【白话】

《彖辞》说：至高至大的天啊！世间的万事万物靠它滋生，大自然由它统率。一年四季，云飘雨降，万物生长。天上的太阳落而复升，《乾卦》的六爻也因时不同，六爻就像六条龙一样，其变化发展均反映了自然的变化发展，其所以有不同乃是因为所处的位置不同，机遇不同，故应依时而动，把握时机。万事万物的发展应符合大自然变化的规律，要安于自己应有的位置，保持阴阳会合之元气，这样才能顺利成长。人类社会也应像天统率万物那样，君王统治庶民百姓，人们各安其所，各执其事，则万国之间，必然会和谐安宁。

【原文】

《象》曰：天行健，君子以自强不息。

【白话】

《象辞》说：天道运行周而复始，永无止息，谁也不能阻挡，君子应效法天道，自立自强，不停地奋斗下去。

【原文】

《文言》曰：元者，善之长也；亨者，嘉之会也；利者，义之和也；贞者，事之干也。君子体仁足以长人，嘉会足以合礼，利物足以合义，贞固足以干事。君子行此四德者，故曰"乾：元，亨，利，贞"。

【白话】

《文言》说：元，是一切善事之尊长；亨，是美好事物的荟萃；利，是仁义之聚合；贞，是成功的根本。君子以仁作为立身处事的根本，则可以成为领袖；待人以礼，则具备美好的秉性；施利于人，则符合道义；办事机智，则可以获得成功。君子若能具备以上四种美德，就是达到了如《乾卦》所说的"元，亨，利，贞"。

初九，潜龙勿用。

【白话】

初九，龙尚潜伏在水中，养精蓄锐，暂时还不能发挥作用。

【原文】

《象》曰：潜龙勿用，阳在下也。

【白话】

《象辞》说：龙象征阳。"龙尚潜伏在水中，养精蓄锐，暂时还不能发挥作用"，是因为此爻位置最低，阳气不能散发出来的缘故。

【原文】

《文言》曰：初九曰"潜龙勿用"，何谓也？子曰："龙德而隐者也。不易乎世，不成乎名；遁世无闷，不见是而无闷；乐则行之，忧则违之，确乎其不可拔，'潜龙'也。"

【白话】

《文言》说：初九的爻辞说："龙，潜伏在水中，养精蓄锐，暂时还不能发挥作用"，说的是什么意思呢？孔子说："这是指像龙这样，具有高尚品德却隐居起来的人。这些人不因世俗的成见而改变志向，不计较功名；隐居起来不感到苦闷，不被人了解也不感到苦闷；符合心意的事坚决去做，违心的事坚决不做，任凭什么力量也不能动摇，这就是所谓的'潜伏在水中的龙'。"

九二，见（xiàn 现）龙在田，利见大人。

【白话】

九二，龙已出现在地上，利于出现德高势隆的大人物。

【原文】

《象》曰："见龙在田"，德施普也。

【白话】

《象辞》说："龙已出现在地上"，犹如阳光普照，天下人普遍得到恩惠。

【原文】

《文言》曰：九二曰"见龙在田，利见大人"，何谓也？子曰："龙德而正中者也。庸言之信，庸行之谨；闲邪存其诚，善世而不伐，德博而化。《易》曰：'见龙在田，利见大人'，君德也。"

【白话】

《文言》说：九二的爻辞说"龙已出现在地上，利于出现德高势隆的大人物"，说的是什么意思呢？孔子说："这是指具有龙一样的品德，立身中正的人。他说到做到，行为谨慎，不受外界影响而保持诚信，做了好事从来不自夸，各种美好的德行能够使天下感化。《周易》该爻辞所说的'龙已出现在地上，利于出现德高势隆的大人物'，是指将会出现具备了君主美德的贤者。"

九三，君子终日乾乾，夕惕若，厉无咎（jiù旧）。

【白话】

九三，君子整天自强不息，晚上也不敢有丝毫的懈怠，这样即使遇到危险也会逢凶化吉。

【原文】

《象》曰："终日乾乾"，反复道也。

【白话】

《象辞》说："整天自强不息"，是因为要避免出现反复，不敢有丝毫大意。

【原文】

《文言》曰：九三曰"君子终日乾乾，夕惕苦，厉无咎"，何谓也？子曰："君子进德修业。忠信，所以进德也；修辞立其诚，所以居业也。知至至之，可与言几也；知终终之，可与存义也；是故居上位而不骄，在下位而不忧。故乾乾因其时而惕，虽危无咎矣。"

【白话】

《文言》说：九三的爻辞说"君子整天自强不息，晚上也不敢有丝毫的懈怠，这样即使遇到危险也会逢凶化吉"，说的是什么意思呢？孔子说："这是说君子应讲究品德，重视修养，忠诚老实，就可以增进美德，心口如一，坦诚待人，可以提高个人的修养。明白所要达到的目标，便可以见微而知著；知道什么时候应该终止而及时终止，便可以进退自如；这样才能做到身居高位不骄傲，身居底层不忧愁。这也就是此卦爻辞所说的，整天保持自强不息，时刻警惕，即使遇到危险，也会逢凶化吉的。"

九四，或跃在渊，无咎。

【白话】

九四，龙或腾跃而起，或退居于渊，均不会有危害。

【原文】

《象》曰："或跃在渊"，进无咎也。

【白话】

《象辞》说："龙或腾跃而起，或退居于渊，均不会有危害"，因为能审时度势，故进退自如，不会有危害。

【原文】

《文言》曰：九四曰"或跃在渊，无咎"，何谓也？子曰："上下无常，非为邪也；进退无恒，非离群也。君子进德修业，欲及时也，故'无咎'。"

【白话】

《文言》说：九四的爻辞说"龙或腾跃而起，或退居于渊，均不会有危害"，说的是什么意思呢？孔子说："上下并没有一定的规律，要顺应形势，而不能出于私欲；进退也并不是恒定的，也要依形势而定，而不要考虑是否离群。君子修身养性，建功立业都要审时度势，只要能因势而行，那么必然'不会有危害'。"

九五，飞龙在天，利见大人。

【白话】

九五，龙飞上了高空，利于出现德高势隆的大人物。

【原文】

《象》曰："飞龙在天"，大人造也。

【白话】

《象辞》说："龙飞上了高空"，象征德高势隆的大人物一定会有所作为。

【原文】

《文言》曰：九五曰"飞龙在天，利见大人"，何谓也？子曰："同声相应，同气相求；水流湿，火就燥；云从龙，风从虎；圣人作而万物睹；本乎天者亲上，本乎地者亲下，则各从其类也。"

【白话】

《文言》说：九五的爻辞说"龙飞上了高空，利于出现德高势隆的大人物"，说的是什么意思呢？孔子说："同类之声相呼应，同样之气相聚合；水流向湿处，火烧向干处；云随龙而出，风从虎而现；圣人一旦出现，万民敬仰；这些都是因为高者亲近于天，低者亲近于地，即人以类聚、物以群分的道理。"

上九，亢（kàng 抗）龙有悔。

【白话】

上九，龙飞到了过高的地方，必将会后悔。

【原文】

《象》曰："亢龙有悔"，盈不可久也。

【白话】

《象辞》说:"龙飞到了过高的地方,必将会后悔",因为物极必反,事物发展到了尽头,必将走向自己的反面。

【原文】

《文言》曰:上九曰"亢龙有悔",何谓也?子曰:"贵而无位,高而无民,贤人在下位而无辅,是以动而'有悔'也。"

【白话】

《文言》说:上九的爻辞说"龙飞到了过高的地方,必将会反悔",说的是什么意思呢?孔子说:"这好比陷入那种受尊崇但无实权,高高在上但不理民事,虽有贤人但地位低下,因此无人辅佐的境况,因而一旦有所举动则必然会'后悔'。"

用九,见群龙无首,吉。

【白话】

用九,出现群龙谁也不愿为首的现象,是很吉利的。

【原文】

《象》曰:"用九",天德不可为首也。

【白话】

《象辞》说:"用九"的爻象说明,天虽生万物但却不居首、不居功。

【原文】

《文言》曰:"潜龙勿用",下也;"见龙在田",时舍也;"终日乾乾",行事也;"或跃在渊",自试也;"飞龙在天",上治也;"亢龙有悔",穷之灾也;乾元"用九",天下治也。

【白话】

《文言》说:"龙尚潜伏在水中,养精蓄锐,暂时还不能发挥作用",是因为地位低下。"龙已出现在地上",说明形势已经好转。"整天自强不息",是在修身养性、建功立业。"龙或腾跃而起,或退居于渊",是在审时度势。"龙飞上了高空",说明形势大好。"飞到了过高的地方,必将会后悔",是说物极必反。"用九"这一爻,说明天下必将大治。

【原文】

《文言》曰:"潜龙勿用",阳气潜藏;"见龙在田",天下文明;"终日乾乾",与时偕行;"或跃在渊",乾道乃革;"飞龙在天",乃位乎天德;"亢龙在悔",与时偕极;乾元"用九",乃见天则。

【白话】

《文言》说:"龙尚潜伏在水中,养精蓄锐,暂时还不能发挥作用",是因为这时阳气潜藏。"龙已出现在地上",说明阳气出现,大放光明。"整天自强不息",说明要像天的运行那样,不停地奋斗。"龙或腾跃而起,或退居于渊",是说处于变革之时,要因时而动。"龙飞上了高空",说明普天下都得到了天的恩泽。"龙飞到了过高的地方,必将会后悔",说明随着时间的推移,终将走向反面。"用九"的爻辞,说明天道循环,是自然的法则。

【原文】

《文言》曰:"乾,元"者,始而亨者也;"利,贞"者,性情也。乾始能以美利利天下,不言所利,大矣哉!大哉乾乎!刚健中正,纯粹精也;六爻发挥,旁通情也;时乘六龙,以御天也;云行雨施,天下平也。

【白话】

《文言》说:《乾卦》代表天,万物依天而萌生、成长。之所以和谐有利、贞正有固，是合乎天道法则，合乎天的本性的。天给普天下带来恩惠而不居功自傲，这是多么高的风格啊！伟大的天！刚强稳健中正，品德纯粹至极；六爻变化无穷，把事物的变化规律尽情地表现出来；六龙代表六爻，由于所处时机的不同，而显示了天道的变化；风调雨顺，天下太平。

【原文】

《文言》曰：君子以成德为行，日可见之行也。"潜"之为言也，隐而未见，行而未成，是以君子弗用也。

【白话】

《文言》说：君子将自己的道德修养得完美无缺再行动，每天都将有所成就，初九爻辞之所以讲"潜龙勿用"，是指君子尚处于隐居状态，尚未开始行动，所以其才能尚未表现出来。

【原文】

《文言》曰：君子学以聚之，问以辩之，宽以居之，仁以行之。《易》曰"见龙在田，利见大人"，君德也。

【白话】

《文言》说：君子应广泛地吸收各方面的学问，通过辩论弄清是非，胸怀宽广，兼收并蓄，行动时要怀有仁义之心。《周易·乾卦》九二的爻辞所说的"龙已出现在地上，利于出现德高势隆的大人物"，是指具备了上述四德的大人物则可以为君。

【原文】

《文言》曰：九三重刚而不中，上不在天，下不在田，故乾乾因其时而惕，虽危无咎矣。

【白话】

《文言》说：九三爻由多重阳爻阻成，刚则有余，但位置却未居中，好比龙既未飞上天，也未在地上，所以应时时刻刻保持警惕,这样才能逢凶化吉。

【原文】

《文言》曰:九四重刚而不中,上不在天,下不在田,中不在人,故"或"之。"或"之者,疑之也,故无咎。

【白话】

《文言》说:九四爻由多重阳爻阻成,刚则有余,但位置却未居中,好比龙既未飞上天,也未在地上,更不在人世间,所以必须或跃出地面,或隐于渊中,只有多方置疑,审时度势,才能不出现祸患。

【原文】

《文言》曰:夫"大人"者,与天地合其德,与日月合其明,与四时合其序,与鬼神合其吉凶。先天而天弗违,后天而奉天时。天且弗违,而况于人乎?况于鬼神乎?

【白话】

《文言》说:九五爻爻辞中所说的"大人",其道德犹如天地那样高大,其明智犹如日月,其行事符合四时的规律,其预料吉凶像鬼神一样准确。他从事前所未有的事业也不违背天道,顺应事物发展去做工作,则自然合乎客观规律。这样的人行事,天尚且不违背其意志,何况人呢?更何况鬼神呢?

【原文】

《文言》曰:"亢"之为言也,知进而不知退,知存而不知亡,知得而不知丧。其唯圣人乎!知进退存亡,而不失其正者,其唯圣人乎!

【白话】

《文言》说:上九爻辞中所提到的"亢龙",是用来比喻只知前进而不知后退，只知生存而不知灭亡，只知得到而不知失落的人。大概只有圣人才能不偏不倚吧！懂得进退、存亡、得失的道理，行为又端正，大概只有圣人才能做到吧！

坤卦第二

☷ 坤（地）下坤（地）上

坤：元，亨，利牝马之贞。君子有攸往，先迷，后得主，利。西南得朋，东北丧朋。安贞吉。

【白话】

《坤卦》象征地：元始，亨通，如果像雌马那样柔顺，则是吉利的。君子从事某项事业，虽然开始时不知所从，但结果会是有利的。如往西南方，则会得到朋友的帮助，如往东南方，则会失去朋友的帮助。如果保持现状，也是吉利的。

【原文】

《象》曰：至哉坤元，万物资生，乃顺承天。坤厚载物，德合无疆；含弘光大，品物咸亨。牝马地类，行地无疆，柔顺利贞。君子攸行，先迷失道，后顺得常。西南得朋，乃与类行；东北丧朋，乃终有庆。安贞之吉，应地无疆。

【白话】

《象辞》说：至宽至广的地啊！世间的万事万物靠它滋生，柔顺地遵守着天道法则。深厚的土地孕育了万物，胸怀宽广默默奉献。在大地的怀抱中，万物茁壮成长，地上一派光明。因为像雌马那样柔顺，则在大地上任意驰骋，总是吉祥的。君子从事某项事业，虽然开始不知所从，但结果总是顺利的。如果往西南方，会得到朋友的帮助，一同建功立业，如果往东北方，则可能失去朋友的帮助，但最终还是能够成功。如果保持现状，也会十分吉祥。

【原文】

《象》曰：地势坤，君子以厚德载物。

【白话】

《象辞》说：坤象征大地，君子应效法大地，胸怀宽广，包容万物。

【原文】

《文言》曰：坤至柔而动也刚，至静而德方。后得主而有常，含万物而化光。坤道其顺乎！承天而时行。

【白话】

《文言》说：大地的本性是柔顺，但行动起来也是刚强有力的，其形态虽然宁静，但道德却是方正的。它遵循常理能取得最后的成功，包容万物且不断发扬光大。坤道真是柔顺啊！因为它是按照天道的规律变化的。

初六，履霜，坚冰至。

【白话】

初六，脚踏上了霜，气候变冷，冰雪即将到来。

【原文】

《象》曰："履霜坚冰"，阴始凝也；驯致其道，至坚冰也。

【白话】

《象辞》说："脚踏上了霜，气候变冷，冰雪即将到来"，说明阴气开始凝聚；按照这种情况发展下去，必然迎来冰雪的季节。

【原文】

《文言》曰：积善之家，必有余庆；积不善之家，必有余殃。臣弑其君，子弑其父，非一朝一夕之故，其所由来者渐矣！由辩之不早辩也。《易》曰:"履霜,坚冰至",盖言顺也。

【白话】

《文言》说:行善积德的人家,必定会带来吉祥;为非作歹的人家,必定会招致祸殃。臣子杀其君主,儿子杀其父亲,这些都不是一朝一夕所能出现的,而是日积月累逐渐积累下来的恶念的爆发!关键是要及早洞察是非祸福。《周易·坤卦》初六的爻辞说"脚踏上了霜,气候变冷,冰雪即将到来",指的是事物的发展必然遵循一定的规律。

六二,直方大,不习无不利。

【白话】

六二,正直,端正,广大,具备这样的品质,即使不学习也不会有什么不利。

【原文】

《象》曰:六二之动,直以方也;"不习无不利",地道光也。

【白话】

《象辞》说:六二爻若是出现变化的话,总是表现出正直、端正的性质。"即使不学习也不会有什么不利",是因为地德广大,包容万物的缘故。

【原文】

《文言》曰:"直"其正也,"方"其义也。君子敬以直内,义以方外,敬义立而德不孤。"直方大,不习无不利",则不疑其所行也。

【白话】

《文言》说:品德正直,行为方正,这就是"直"、"方"的含义。君子内心正直,行为方正,只要这样做了,其他人也会

34

响应，高尚的道德就会传布开来而不再孤立。"正直，端正，广大，具备这样的品质，即使不学习也不会有什么不利"，是说表里如一、品行端正的君子，不管干什么都毋需疑虑。

六三，含章可贞，或从王事，无成有终。

【白话】

六三，胸怀才华而不显露，如果辅佐君主，能恪尽职守，功成不居。

【原文】

《象》曰："含章可贞"，以时发也；"或从王事"，知光大也。

【白话】

《象辞》说："胸怀才华而不显露"，是要把握时机才发挥，"如果辅佐君主"，必能大显身手，一展抱负。

【原文】

《文言》曰：阴虽有美，含之以从王事，弗敢成也。地道也，妻道也，臣道也。地道无成而代有终也。

【白话】

《文言》说：胸怀阴柔之美的人，不显露其才华，而只是以其才能去辅佐君主，即使有功也不敢自居。这就是为地之道，为妻之道，为臣之道。所谓地道，即指其能尽心尽力地把事业妥善完成，但并不居功自傲。

六四，括囊，无咎无誉。

【白话】

六四，扎紧袋口，不说也不动，这样虽得不到称赞，但也免遭祸患。

【原文】

《象》曰:"括囊无咎",慎不害也。

【白话】

《象辞》说:"扎紧袋口,不说也不动,可以免遭祸患",说明小心谨慎从事,是不会有害的。

【原文】

《文言》曰:天地变化,草木蕃;天地闭,贤人隐。《易》曰:"括囊,无咎无誉。"盖言谨也。

【白话】

《文言》说:天地依时而变化,则草木生长茂盛;天地昏暗闭塞,贤人就会退隐。《周易·坤卦》六四爻辞说"扎紧袋口,不说也不动,这样虽得不到称赞,但也免遭祸患"其意主要是讲遇事要谨慎从事。

六五,黄裳,元吉。

【白话】

六五,黄包的衣服,最为吉祥。

【原文】

《象》曰:"黄裳元吉",文在中也。

【白话】

《象辞》说:"黄色的衣服,最为吉祥",是因为黄色代表中,行事以中道为准则,当然是吉祥的。

【原文】

《文言》曰:君子黄中通理,正位居体,美在其中,而畅于四支,发于事业,美之至也。

【白话】

《文言》说：君子要学习坤道，胸怀才华，通晓义理，身居正确的位置，美德蕴于全身，若以此用于治国，则可以达到至高的境界。

上六，龙战于野，其血玄黄。

【白话】

上六，阴气盛极，与阳气相战于郊外，天地混杂，乾坤莫辨，后果是不堪设想的。

【原文】

《象》曰："龙战于野"，其道穷也。

【白话】

《象辞》说："阴气盛极，与阳气相战于郊外"，说明阴气已经发展到尽头了。

【原文】

《文言》曰：阴疑于阳必战，为其嫌于无阳也，故称"龙"焉。犹未离其类也，故称"血"焉。夫玄黄者，天地之杂也，天玄而地黄。

【白话】

《文言》说：阴发展到极盛则必与阳战，为使人们理解阴是与阳相战，故称"龙战"，"龙"即代表阳。虽然阴阳相战，但各自仍保持着各自的性质，其"血"仍不同。所谓血色不同，指天地虽互相混杂，但天色为"玄"，地色为"黄"。

用六，利永贞。

【白话】

"用六"这一爻,处于永远保持中正。

【原文】

《象》曰:用六"永贞",以大终也。

【白话】

《象辞》说:用六的爻辞说"利于永远保持中正",即是指阴盛到了极点就会向阳转化。

屯卦第三

☳ 震（雷）下坎（水）上

屯：元，亨，利，贞；勿用有攸往，利建侯。

【白话】

《屯卦》象征初生：元始，亨通，和谐，贞正。不要急于发展，首先要立君建国。

【原文】

《彖》曰：屯，刚柔始交而难生；动乎险中，大亨贞。雷雨之动满盈，天造草昧；宜建侯而不宁。

【白话】

《彖辞》说：《屯卦》是阴阳开始相交，表示创业维艰，在艰难险阻中行动，要想顺利前进，必须坚定初衷。雷雨之来，铺天盖地，没有秩序。万事草创，首先应建国立君，但立君之后也不会完全安定。

【原文】

《象》曰：云雷屯，君子以经纶。

【白话】

《象辞》说：《屯卦》的卦象是震（雷）下坎（水）上，为雷上有水之表象，水在上表示雨尚未落，故释为云。云雷大作，是即将下雨的征兆，故《屯卦》象征初生。这里表示天地初创，国家始建，正人君子应以全部才智投入到创建国家的事业中去。

初九，磐（pán 盘）桓，利居贞，利建侯。

【白话】

初九，万事开头难，在初创时期困难特别大，难免徘徊不前，但只要能守正不阿，仍然可建功立业。

【原文】

《象》曰：虽磐桓，志行正也。以贵下贱，大得民也。

【白话】

《象辞》说：虽然徘徊不前，但志向和行为纯正。只要能下定决心，深入基层，仍然会大得民心的。

六二，屯如邅（zhān 詹）如，乘马班如。匪（fěi 菲）寇婚媾，女子贞不字，十年乃字。

【白话】

六二，徘徊难进，犹豫不前，四马并行，步调不一。由于受到阳刚一方的骚扰，婚嫁不成功，不美满，婚后女子也长时间不生育，十年后才生育。

【原文】

《象》曰：六二之难，乘刚也。"十年乃字"，反常也。

【白话】

《象辞》说：六二爻之所以出现困难，是由于阳刚一方所造成的。"婚后十年才生育"，是很反常的现象。

六三，即鹿无虞，惟入于林中，君子几，不如舍，往吝。

【白话】

六三，追逐鹿时，由于缺少管山林之人的引导，致使鹿逃入树林中去。君子此时如仍不愿舍弃，轻率地继续追踪，则必然会发生祸事。

【原文】

《象》曰："即鹿无虞"，以从禽也。君子舍之，往吝穷也。

【白话】

《象辞》说："追逐鹿缺少管山林之人的引导"，是因为获鹿之心过于急切。君子应及时放弃，否则必有祸事或导致穷困。

六四，乘马班如，求婚媾，往吉，无不利。

【白话】

六四，四马前进，步调不一，但如坚定不移地去求婚，则结果必然是吉祥顺利的。

【原文】

《象》曰：求而往，明也。

【白话】

《象辞》说：坚定不移地去追求，是明智之举。

九五，屯其膏，小贞吉，大贞凶。

【白话】

九五，只顾自己囤积财富而不注意帮助别人，是很危险的，那样做，办小事虽有成功的可能，但办大事则必然会出现凶险。

【原文】

《象》曰："屯其膏"，施未光也。

【白话】

《象辞》说:"只顾自己囤积财富而不注意帮助别人",这样的人即使想有所作为,其前景也不大光明。

上六,乘马班如,泣血涟如。

【白话】

上六,四马前进,步调不一,进退两难,悲伤哭泣,泣血不止。

【原文】

《象》曰:"泣血涟如",何可长也?

【白话】

《象辞》说:"悲伤哭泣,泣血不止",这种状况怎么能维持长久呢?

蒙卦第四

☶ 坎（水）下艮（山）上

蒙：亨。匪我求童蒙，童蒙求我；初筮告，再三渎（dú读），渎则不告。利贞。

【白话】

《蒙卦》象征启蒙：亨通。不是我有求于幼童，而是幼童有求于我；第一次向我请教，我有问必答，如果一而再、再而三地没有礼貌地乱问，则不予回答。利于守正道。

【原文】

《象》曰：蒙，山下有险，险而止，蒙。"蒙，亨"，以亨行时中也。"匪我求童蒙，童蒙求我"，志应也。"初筮告"，以刚中也；"再三渎，渎则不告"，渎蒙也。蒙以养正，圣功也。

【白话】

《象辞》说：《蒙卦》的卦象，好比山下有险阻，使道路隔绝，因而处于蒙昧状态，需要进行启蒙教育，故称《蒙卦》。"蒙昧，亨通"，表面上看很难理解，它指的是虽然处于蒙昧状态，一无所知，但若遇到适当时机，说不定反而会收效更大。这就相当于平常所说的，一张白纸，好画最新最美的图画。"不是我有求于幼童，而是幼童有求于我"，因为只有这样，才便于配合，达到教育的最佳效果。"第一次向我请教，有问必答"，这是教育者应具备的正确态度；而"一而再、再而三地没有礼貌地乱问，则不予回答"，是因为乱问的结果将破坏正常的教学秩序。通过启蒙教育，可以培养纯正的品质，圣人就是这样做的。

【原文】

《象》曰：山下出泉，蒙；君子以果行育德。

【白话】

《象辞》说：《蒙卦》的卦象是坎（水）下艮（山）上，为山下有泉水之表象，但要想发现甘泉，必须设法准确地找出泉水的位置，即意味着首先必须进行启蒙教育。君子必须行动果断，才能培养出良好的品德。

初六，发蒙，利用刑人，用说桎（zhì制）梏（gù固）；以往吝。

【白话】

初六，要进行启蒙教育，贵在树立典型，以便防止罪恶发生；如不专心求学，而是急功冒进，将来必然会后悔。

【原文】

《象》曰：利用刑人，以正法也。

【白话】

《象辞》说：用树立典型的办法来进行启蒙教育，是为了确立正确的法度，以便遵循。

九二，包蒙，吉。纳妇，吉。子克家。

【白话】

九二，周围都是上进心很强的蒙童，希望获得知识，这是很吉利的。如果迎娶新媳妇，也是吉祥的。由于渴望接受教育，上进心很强，所以连孩子们都已经能够治家了。

【原文】

《象》曰:"子克家",刚柔接也。

【白话】

《象辞》说:"由于渴望接受教育,上进心很强,所以连孩子们都已经能够治家了",这是因为刚柔相济,孩子们受到了很好的启蒙教育的结果。

六三,勿用取女,见金夫,不有躬,无攸利。

【白话】

六三,不能娶这个女子,她的心目中只有美貌的郎君,不能守礼仪,也难以保住自己的节操,娶这样的女子是没有什么好处的。

【原文】

《象》曰:"勿用取女",行不顺也。

【白话】

《象辞》说:"不能娶这个女子",主要是指这个女子的行为是不合乎礼仪的,即这个女子没有受过良好的启蒙教育。

六四,困蒙,吝。

【白话】

六四,人处于困难的境地,不利于接受启蒙教育,因而孤陋寡闻,结果是不大好的。

【原文】

《象》曰:"困蒙之吝",独远实也。

【白话】

《象辞》说:"人处于困难的境地,不利于接受启蒙教育",是因为其疏远有真才实学的老师。

六五,童蒙,吉。

【白话】

六五,蒙童虚心地向老师求教,这是很吉祥的。

【原文】

《象》曰:"童蒙之吉",顺以巽也。

【白话】

《象辞》说:"蒙童虚心地向老师求教,这是很吉祥的",这是因为蒙童对老师采取了谦逊的态度。蒙童谦逊,则老师乐教,其教育结果自然是比较有效的,当然也是吉祥的。

上九,击蒙,不利为寇,利御寇。

【白话】

上九,启蒙教育要及早实行,要针对蒙童的缺点,先发制人。不要等到蒙童的问题彻底暴露再去教育,而要防患于未然,事先进行启蒙教育。

【原文】

《象》曰:"利用御寇",上下顺也。

【白话】

《象辞》说:"启蒙教育要及早实行,要针对蒙童的缺点,先发制人",因为只有这样,才能使老师和蒙童互相配合,才能达到治病救人、上下一心的目的。

需卦第五

☰ 乾（天）下坎（水）上

需：有孚，光亨，贞吉，利涉大川。

【白话】

《需卦》象征等待：具有诚实守信的品德，光明正大，做事才会亨通顺利，占问的结果是吉祥的，出外远行，渡过宽阔的河流会很顺利。

【原文】

《彖》曰："需"，须也；险在前也，刚健而不陷，其义不困穷矣。需，有孚，光亨，贞吉"，位乎天位，以正中也。"利涉大川"，往有功也。

【白话】

《彖辞》说："需"，表示要等待时机；如果前面有艰难险阻，自身刚强健壮才不会陷入困境，因为耐心等待适合的时机就不至于穷困艰难。"等待，具有诚信之德，光明正大，亨通，占问吉祥"，这时处于"天"的位置，这是正中之位。"顺利地越过大河急流"，说明勇往直前必定成功。

【原文】

《象》曰：云上于天，需；君子以饮食宴乐。

【白话】

《象辞》说：《需卦》的卦象是乾（天）下坎（水）上，为水在天上之表象。水汽聚集天上成为云层，密云满天，但还没有下雨，需要等待；君子在这个时候需要吃喝，饮酒作乐，即在等待的时候积蓄力量。

初九，需于郊，利用恒，无咎。

【白话】

初九，在郊外等待，必须有恒心，长久耐心地静候时机，不会有什么祸患。

【原文】

《象》曰："需于郊"，不犯难行也；"利用恒，无咎"，未失常也。

【白话】

《象辞》说："在郊外等待"，表明不能冒险轻率前行；"长久耐心地等候时机，不会有什么祸患"，表明没有偏离正道，没有偏离天地恒常之理。

九二，需于沙，小有言，终吉。

【白话】

九二，在沙滩上等待，虽然要受到别人的一些非难指责，耐心等待终久会获得吉祥。

【原文】

《象》曰："需于沙"，衍（yǎn 演）在中也；虽有小言，以终吉也。

【白话】

《象辞》说："在沙滩上等待"，表明宽宏大量不急躁；虽然受到一些非难和指责，但终久能获得吉祥。

九三，需于泥，致寇至。

【白话】

九三，在泥泞中等待，结果抢劫的强徒乘机而至。

【原文】

《象》曰："需于泥"，灾在外也；自我致寇，敬慎不败也。

【白话】

《象辞》说："在泥泞中等待"，说明灾祸还在外面，尚未殃及本身；自己招引来强盗，说明要处处谨慎小心才能避开危险。

六四，需于血，出自穴。

【白话】

六四，在血泊中等待，不小心陷进深穴，用尽全力才逃脱出来。

【原文】

《象》曰："需于血"，顺以听也。

【白话】

《象辞》说："在血泊中等待"，表明此时必须沉着冷静，顺应时势，听天由命，以等待转机。

九五，需于酒食，贞吉。

【白话】

九五，准备好酒食招待客人，占问的结果是吉祥的。

【原文】

《象》曰："酒食贞吉"，以中正也。

【白话】

《象辞》说:"准备好酒食招待客人,占问的结果是吉祥的",说明此时处于中位,完美无缺。

上六,入于穴,有不速之客三人来;敬之,终吉。

【白话】

上六,落入了洞穴之中,忽然有不请自来的三位客人到来;对他们恭恭敬敬,以礼相待,终久会得到吉祥的结果。

【原文】

《象》曰:"不速之客来,敬之终吉"。虽不当位,未大失也。

【白话】

《象辞》说:"不请自来的三位客人到来,对他们恭敬而且热情地招待,终久获得吉祥"。表明此时尽管处在不适当的地位,但还没有遭受大的损失。

讼卦第六

☰ 坎（水）下乾（天）上

讼：有孚窒（zhì 至）惕，中吉；终凶，利见大人，不利涉大川。

【白话】

《讼卦》象征打官司：这是因为诚实守信的德行被阻塞，心中畏惧有所戒备所引起，坚守正道居中不偏会有吉祥；坚持把官司打到底则有凶险，如有德高望重的大人物出现则会有利，但出外远行、要渡过宽阔的大河则不会顺利。

【原文】

《彖》曰：讼，上刚下险，险而健，讼。"讼：有孚窒惕，中吉"，刚来而得中也。"终凶"，讼不可成也。"利见大人"，尚中正也。"不利涉大川"，入于渊也。

【白话】

《彖辞》说：争讼（打官司），阳刚在上而危险在下，面临危险但刚强不屈，必然要发生争执。"打官司是由于诚信之德被阻，心中发生畏惧戒备所引起，坚守正道会吉利"，表明阳刚面临危险还能坚守正道居于中位。"坚持把官司打到底有凶险"，表明诉讼不休止不可能成功。"大人物出现则有利"，说明对官司做出判决需要公平正直的大人物。"外出渡过大河不顺利"，说明如恃强倚勇，莽撞前行，将会跌进深渊之中。

【原文】

《象》曰：天与水违行，讼；君子以作事谋始。

【白话】

《象辞》说：《讼卦》的卦象是坎（水）下乾（天）上，为天在水上之表象。天从东向西转动，江河百川之水从西向东流，天与水是逆向相背而行的，象征着人们由于意见不合而打官司。所以君子在作事前要深谋远虑，从开始就要消除可能引起争端的因素。

初六，不永所事；小有言，终吉。

【白话】

初六，不久将陷于争端之中；虽然会受到一些非难和指责，但终久将获得吉祥。

【原文】

《象》曰："不永所事"，讼不可长也；虽"小有言"，其辩明也。

【白话】

《象辞》说："不久陷于争端之中"，说明与人争端决不可长久，决不可互不让步，相持不下；虽然"受到一些非难指责"，但通过摆事实讲道理，可以明辨是非。

九二，不克讼，归而逋（bū），其邑人三百户，无眚（shěng 省）。

【白话】

九二，打官司失利，走为上策，赶快逃回来，跑到只有三百户人家的小国中，在此居住可以避开灾祸。

【原文】

《象》曰："不克讼，归逋窜也"；自下讼上，患至掇（duō多）也。

【白话】

《象辞》说："打官司失利，迅速逃回来"，因为自己处于下位，与上面有权有势的人打官司，必然要失败而且有灾祸降临，但逃走避开，灾祸就没有了。

六三，食旧德，贞厉，终吉；或从王事，无成。

【白话】

六三，安享着原有的家业，吃喝不愁，坚守正道，处处小心防备危险，终久会获得吉祥；如果辅佐君王建功立业，成功后不归功于自己。

【原文】

《象》曰："食旧德"，从上吉也。

【白话】

《象辞》说："安享着祖上遗留下来的家业"，说明只要顺从上级，则可以获得吉祥的结果。

九四，不克讼；复即命，渝，安贞吉。

【白话】

九四，打官司失利；经过反思改变了主意，决定不打官司了，安分守己，必然会得到吉利的结果。

【原文】

《象》曰："复即命，渝"，安贞不失也。

【白话】

《象辞》说：打官司失利之后，回过头仔细反思，觉得"和为贵"，还是息事宁人为好，于是改变了主意，撤回诉状，退出争端不打官司了，说明坚守正道，安分守己就没有什么损失了。

九五，讼，元吉。

【白话】

九五，官司得到了公正的判决，开始获得吉祥。

【原文】

《象》曰："讼，元吉"，以中正也。

【白话】

《象辞》说："官司得到公正的判决，开始获得吉祥"，表明此时居于正中地位，得到了大人物的公正的判处。

上九，或锡之鞶（pán 盘）带，终朝三褫（chǐ 齿）之。

【白话】

上九，因打官司获胜，君王偶然赏赐给饰有皮束衣带的华贵衣服，但在一天之内却几次被剥下身来。

【原文】

《象》曰：以讼受服，亦不足敬也。

【白话】

《象辞》说：因为打官司获胜而得到赏赐，没有什么可以值得尊敬的。

师卦第七

☷ 坎（水）下坤（地）上

师：贞，丈人吉，无咎。

【白话】

《师卦》象征兵众（师指军队）：坚守正道，德高望重富有经验的长者统帅军队可以得到吉祥，不会有什么灾祸。

【原文】

《彖》曰：师，众也；贞，正也。能以众正，可以王矣。刚中而应，行险而顺，以此毒天下，而民从之，吉又何咎矣！

【白话】

《彖辞》说："师"，表示拥有众多的兵士；"贞"，表示坚持固有的正道。统帅大军去替天行道，就可以作君王治理天下。比如从事至刚中正的德业，即使处于危险的道路上，仍能顺合天理，以这样的仁义之师去讨伐天下，处处会受到百姓的拥护服从，当然是吉祥的，哪里会有灾祸呢！

【原文】

《象》曰：地中有水，师；君子以容民畜众。

【白话】

《象辞》说：《师卦》的卦象是坎（水）下坤（地）上，是地中有水之表象。地中蕴藏聚集了大量的水，取之不尽，用之不竭，象征兵源充足；君子要像地中藏水一样容纳天下百姓，养育众人，这样就会有众多的士兵可用。

初六，师出以律，否臧（zāng 脏）凶。

【白话】

初六，出师征战必须要有严明的纪律，如果军纪混乱必然有凶险。

【原文】

《象》曰："师出以律"，失律凶也。

【白话】

《象辞》说："出师征战必须要有严明的纪律"，要号令整齐，行动一致，赏罚分明。如果军纪不良，指挥不灵，必然要发生凶险。

九二，在师，中吉，无咎；王三锡命。

【白话】

九二，在军中任统帅，持中不偏可得吉祥，不会有什么灾祸；君王多次进行奖励，并被委以重任。

【原文】

《象》曰："在师中吉"，承天宠也；"王三锡命"，怀万邦也。

【白话】

《象辞》说："在军中任统帅，持中不偏可得吉祥，不会有什么灾祸"，表明承受"天命"，因此得到君王的宠幸；"君王多次进行奖励"，说明怀有治国平天下使万邦悦服的宏大志向。

六三，师或舆（yú 于）尸，凶。

【白话】

六三，不时有士兵从战场上运送战死者的尸体回来，凶险。

【原文】

《象》曰："师或舆尸"，大无功也。

【白话】

《象辞》说："士兵不时运送战死者的尸体回来"，说明不能知己知彼，在敌强我弱的情况下，不自量力发动进攻，结果战败，没有任何功绩可言了。

六四，师左次，无咎。

【白话】

六四，率军暂时撤退，免得遭受损失。

【原文】

《象》曰："左次无咎"，未失常也。

【白话】

《象辞》说："观察了战场形势后，暂时后退以避敌精锐，免遭更大的损失。"说明深通兵法，懂得用兵有进有退的常理。

六五，田有禽，利执言，无咎；长子帅师，弟子舆尸，贞凶。

【白话】

六五，田野中有野兽出没，率军围猎捕获，不会有损失；委任德高望重的长者为军中主帅，必将战无不胜，委任无德小人将运送着尸体大败退回，占问的结果必然是凶险的。

【原文】

《象》曰："长子帅师"，以中行也；"弟子舆尸"，使不当也。

【白话】

《象辞》说："委任有德长者统帅军队战无不胜"表明居中持正，行为有法度。必然获胜；"委任无德小人将运送着战死者的尸体，大败而归"，说明用人不当，必招致大败，将自食恶果。

上六，大君有命，开国承家，小人勿用。

【白话】

上六，凯旋而归，天子颁布了诏命，分封功臣，或封为诸侯，或封为上卿，或封为大夫，但小人决不可以重用。

【原文】

《象》曰："大君有命"，以正功也；"小人勿用"，必乱邦也。

【白话】

《象辞》说："天子颁布了诏命，分封功臣"，是为了按功劳大小而公正封赏。"小人决不可以重用"，因为重用小人必然危害并扰乱邦国。

比卦第八

䷇ 坤（地）下坎（水）上

比：吉。原筮，元永贞，无咎。不宁方来，后夫凶。

【白话】

《比卦》象征亲密无间，团结互助：吉祥。探本求源，再一次卜筮占问，知道要辅佐有德行的长者，长久不变地坚守正道，不会有祸害。连不安分的诸侯现在也来朝贺，还有少数来得迟的诸侯将有凶险。

【原文】

《彖》曰：比，吉也；比，辅也，下顺从也。"原筮，元永贞，无咎"，以刚中也。"不宁方来"，上下应也；"后夫凶"，其道穷也。

【白话】

《彖辞》说：亲密无间，必然获得吉祥；比，是互相辅助的意思，下面的百姓能顺从上层官高位尊者。"探本求源，再一次卜筮占问，知道尽力辅助有德行的长者，长久不变地坚守正道，不会有祸害"，表明有德长者得天时地利，刚健居中。"不安分的诸侯现在也来朝贺"，表明已经上下团结一致，互相配合。"还有少数来得迟的诸侯将有凶险"，说明行动迟缓破坏了上下的亲密无间，所以会有危险。

【原文】

《象》曰：地上有水，比；先王以建万国，亲诸侯。

【白话】

《象辞》说：《比卦》的卦象为坤（地）下坎（水）上，象征地上有水。大地上百川争流，流水又浸润着大地，表明地与水亲密无间，互相依存；以前的历代君主明白这个道理，所以分封土地，建立万国，安抚亲近各地诸侯。

初六，有孚比之，无咎；有孚盈缶（fǒu否），终来有它，吉。

【白话】

初六，具有诚实守信的德行，亲密团结，辅佐君主，不会有灾祸；诚信的德行如同美酒注满了酒缸，这样远方的人纷纷前来归附，结果是吉祥的。

【原文】

《象》曰：《比》之初六，有它吉也。

【白话】

《象辞》说：《比卦》的第一爻位（初六），表示一开始便具有诚信的德行，致使远方来人归附，自然可获吉祥。

六二，比之自内，贞吉。

【白话】

六二，在内部亲密团结，努力辅佐君主，结果是吉祥的。

【原文】

《象》曰："比之自内"，不自失也。

【白话】

《象辞》说：内部亲密无间，团结一致，辅佐君主，说明没有偏离了正道。

六三，比之匪人。

【白话】
六三，和行为不端正的人交朋友，而且关系亲密。

【原文】
《象》曰："比之匪人"，不亦伤乎？

【白话】
《象辞》说："和行为不端正的人交朋友，而且关系亲密"，难道不是一件很可悲的事吗？

六四，外比之，贞吉。

【白话】
六四，在对外交往中互相信任，亲密团结，尽力辅佐贤明的君主，其结果是吉祥的。

【原文】
《象》曰：外比于贤，以从上也。

【白话】
《象辞》说：在外面亲密团结朋友，辅佐贤君，说明要顺从居于尊上地位的君主，才会有好的结果。

九五，显比；王用三驱，失前禽，邑人不诫，吉。

【白话】
九五，光明无私，亲密团结，互相辅助；跟随君王去田野围猎，从三面驱赶，网开一面，看着禽兽从放开的一面逃走，毫不在乎，君王的部下也不戒备，吉祥。

【原文】

《象》曰:"显比"之吉,位正中也,舍逆取顺,失前禽也;邑人不诫,上使中也。

【白话】

《象辞》说:"光明无私,亲密团结,互相辅助",可获得吉祥,因为此时居于正中位置。抛弃逆天行事的举动而顺其自然,就好像围猎时网开一面,让该被擒的禽兽落网,不该被获的从前面逃掉;君王的部下听其自然,不加戒备;这是君王的贤德感化了部下的缘故。

上六,比之无首,凶。

【白话】

上六,和众人亲密团结、互助友爱但自己不居于领导地位,将有凶险。

【原文】

《象》曰:"比之无首",无所终也。

【白话】

《象辞》说:"和众人亲密团结、互助友爱但自己不居于领导地位,将有凶险",说明自己将来没有可以归附的地方,无立足之地。

小畜卦第九

☴ 乾（天）下巽（风）上

小畜：亨；密云不雨，自我西郊。

【白话】

《小畜卦》象征小有积蓄：亨通顺利；天空布满浓密的积云，但还没有下雨，云气是从城西郊区升起来的。

【原文】

《彖》曰："小畜"，柔得位而上下应之，曰小畜。健而巽，刚中而志行，乃亨。"密云不雨"，尚往也；"自我西郊"，施未行也。

【白话】

《彖辞》说："小有积蓄"，是由于阴柔者处于合适的位置而上下互相配合，故称"小有积蓄"。强健并具有谦逊的德行，阳刚居中位，才可以实现自己的志向，亨通顺利。"浓云布满天空但未下雨"，表明阳气聚集不够，风又把一些云气吹散了；"云气从西郊升起"，表明阴阳二气正在相交还没有畅通。

【原文】

《象》曰：风行天上，"小畜"；君子以懿（yì逸）文德。

【白话】

《象辞》说：《小畜卦》的卦象是乾（天）下巽（风）上，是风飘行天上的表象。风在天上吹，密云不雨，气候不好不坏，收成一般，所以只能"小有积蓄"；君子面对这种情况，于是修养美好的品德，用心做好文章等待发达的时机。

初九，复自道，何其咎？吉。

【白话】

初九，自己从原路返回，哪里会有什么灾害呢？吉祥。

【原文】

《象》曰："复自道"，其义吉也。

【白话】

《象辞》说："自己从原路返回"，表明这行动很适宜，符合常理，因而吉祥。

九二，牵复，吉。

【白话】

九二，带着别人一道从原路返回，吉祥。

【原文】

《象》曰：牵复在中，亦不自失也。

【白话】

《象辞》说：带着别人从原路返回，表明此时处于居中位置，自己不会失掉阳刚的德行。

九三，舆说（tuō 脱）辐，夫妻反目。

【白话】

九三，行在半路上，忽然大车的辐条从车轮中脱出来，车不能再行了，回到家里，夫妻因此大吵大闹着要离婚。

【原文】

《象》曰：夫妻反目，不能正室也。

【白话】

《象辞》说：结发夫妻吵闹着要离婚，说明丈夫不能以家规要求妻子，自己也没有给妻子做出表率，所以妻子不守妇道。

六四，有孚；血去惕出，无咎。

【白话】

六四，具有诚实守信的德行，互相信任；抛弃忧患意识与戒备心理，这样就没有灾祸。

【原文】

《象》曰："有孚惕出"，上合志也。

【白话】

《象辞》说："具有诚信之德并抛弃戒备心理"，表明这样符合居于尊上地位的权势者的意愿。

九五，有孚挛（luán 峦）如，富以其邻。

【白话】

九五，具有诚信的德行，与别人紧密联系并互相帮助，自己致富也要使邻人跟着一同富起来。

【原文】

《象》曰："有孚挛如"，不独富也。

【白话】

《象辞》说："具有诚信的德行与别人紧密联系并互相帮助"，表明要与人共同富裕，不独自享受富贵。

上九，既雨既处，尚德载；妇贞厉，月几望；君子征凶。

【白话】

上九，下起了细雨，但不久又停下来，阳刚者的德行被阴气所迷漫掩盖；这时妇人要坚守正道，因为十五月圆十六就开始亏了，要小心防备危险。君子要出外远行，必有凶险。

【原文】

《象》曰："既雨既处"，德积载也；"君子征凶"，有所疑也。

【白话】

《象辞》说："下起了细雨，但不久又停下来"，表明这时阴气迷漫掩盖了阳刚之德；"君子外出远行必遭凶险"，说明阴湿之气聚集，到处一片茫茫，方向不清，情况不明，自然会发生危险。

履卦第十

䷉ 兑（泽）下乾（天）上

（履）：履虎尾，不咥（dié 迭）人，亨。

【白话】
《履卦》象征小心行动：跟在老虎尾巴后面走路，老虎却没有回头咬人，当然亨通顺利。

【原文】
《彖》曰："履"，柔履刚也，说而应乎乾，是以"履虎尾，不咥人，亨"。刚中正，履帝位而不疚，光明也。

【白话】
《彖辞》说："小心遵循着礼仪行动"，好像阴柔者小心翼翼地跟随在阳刚者的后面，与刚正强健配合，所以跟在老虎尾巴后面走路，老虎却没有回头咬人，当然亨通顺利。阳刚居于中位，小心处在"天子"之位置上而不出问题，显示出自己光明正大，道德高尚。

【原文】
《象》曰：上天下泽，"履"；君子以辩上下，定民志。

【白话】
《象辞》说：《履卦》的卦象是兑（泽）下乾（天）上，为天下有泽之表象。上有天，下有泽，说明要处处小心行动，如行在沼泽之上，一不注意就会陷下去；君子要深明大义，分清上下尊卑名分，坚定百姓的意志，遵循礼仪而行，必然秩序井然。

初九，素履，往无咎。

【白话】

初九，心地纯朴，品行端正，处处小心行事，那么无论到什么地方都没有灾祸。

【原文】

《象》曰："素履之往"，独行愿也。

【白话】

《象辞》说："心地纯朴，品行端正，处处小心行事"，表明要专心致志，遵循礼仪实现自己的意愿。

九二，履道坦坦，幽人贞吉。

【白话】

九二，小心行走在平坦宽广的大道上，幽居的人安于闲逸恬静的生活，结果是吉祥的。

【原文】

《象》曰："幽人贞吉"，中不自乱也。

【白话】

《象辞》说："幽居的人可获吉祥"，说明自己内心平静自然毫不紊乱，循礼仪而行的信念坚固。

六三，眇（miǎo秒）能视，跛能履。履虎尾咥人，凶；武人为于大君。

【白话】

六三，眼睛快要瞎了，但勉强能看到一点点；腿跛了，但勉强能走几步。不小心踩在老虎尾巴上，老虎回头就咬人，凶险；勇敢的武士要竭力为君主效劳。

【原文】

《象》曰："眇能视"，不足以有明也；"跛能履"，不足以与行也；"咥人之凶"，位不当也；"武人为于大君"，志刚也。

【白话】

《象辞》说："眼睛快要瞎了，但勉强能看到一点点"，不足以分辨事物；"腿跛了，但勉强能走几步"，不能出外远行；"老虎咬人是凶险的"，表明这时处的位置很不妥当，竟然踩在老虎尾巴上。"武士要竭力为君主效劳"，表明武士的志向刚强。

九四，履虎尾，愬（suǒ 索）愬，终吉。

【白话】

九四，跟在老虎尾巴后面走路，感到恐惧害怕，但谨慎小心，终于得到吉祥。

【原文】

《象》曰："愬愬终吉"，志行也。

【白话】

《象辞》说："感到恐惧害怕，但谨慎小心，终久获得吉祥"，说明小心遵循礼仪而行就能实现自己的志愿。

九五，夬履，贞厉。

【白话】

九五，刚毅并善于做出决断，小心行动，要提防危险。

【原文】

《象》曰:"夬履贞厉",位正当也。

【白话】

《象辞》说:"刚毅果断,小心行动,要提防危险",说明此时虽处于正当的位置,但也不能疏乎大意。

上九,视履考祥,其旋元吉。

【白话】

上九,回头看看走过的路,详细察看一下吉凶祸福,转身来顺应阴柔自然之道,这样是吉祥的。

【原文】

《象》曰:元吉在上,大有庆也。

【白话】

《象辞》说:极为吉祥,高居尊上之位,表明有大的福分值得庆祝。

泰卦第十一

☷ 乾（天）下坤（地）上

泰：小往大来，吉，亨。

【白话】
《泰卦》象征通达：这时弱小者离去，强大者到来，吉祥，亨通。

【原文】
《彖》曰："泰，小往大来，吉，亨。"则是天地交而万物通也，上下交而其志同也。内阳而外阴，内健而外顺，内君子而外小人：君子道长，小人道消也。

【白话】
《彖辞》说："通达，弱小者向外离去，强大者向内而来，吉祥，亨通。"说明天地阴阳交合而生养万物的道路通畅，君王臣民上下交合，大家意见一致，志同道合。这时阳者处于内而阴者居于外，刚健强壮者处于内而阴柔弱小者居于外，君子处于内而小人居于外：所以君子光明正大之道与日俱增，小人奸猾阴谋之道逐渐消亡。

【原文】
《象》曰：天地交，泰；后以财成天地之道，辅相天地之宜，以左右民。

【白话】
《象辞》说：《泰卦》的卦象为乾（天）下坤（地）上，地气上升，乾气下降，为地气居于乾气之上之表象，阴阳二气一升一降，互相交合，顺畅通达；君主这时要掌握时机，善于裁节调理，以成就天地交合之道，促成天地化生万物之机宜，护估天下百姓，使他们安居乐业。

初九，拔茅茹，以其汇（huì会），征吉。

【白话】

初九，拔起了一把茅草，它们的根相连在一起，真是物以类聚，所以找它时要以其种类而识别，往前行进是吉祥的。

【原文】

《象》曰：拔茅征吉，志在外也。

【白话】

《象辞》说：拔起一把茅草，往前行进可获吉祥，说明有远大的志向，有在外建功立业的进取心。

九二，包荒，用冯（píng凭）河，不遐遗；朋亡，得尚于中行。

【白话】

九二，有包容大川似的宽广胸怀，可以徒步涉过大河急流；礼贤下士，对远方的贤德之人也不遗弃；不结成小团体，不结党营私，能够辅佐公正有道德的君主。

【原文】

《象》曰："包荒"，"得尚于中行"，以光大也。

【白话】

《象辞》说："有包容大川似的宽广胸怀"，"能够辅佐公正有道德的君主"，说明自己光明正大，道德高尚。

九三，无平不陂（pí 皮），无往不复；艰贞无咎；勿恤其孚，于食有福。

【白话】

九三，没有平地不变为陡坡的，没有只出去不回来的，处在艰难困苦的环境中坚守正道就没有灾害，不要怕不能取信于人，安心享用自己的俸禄是很有福分的。

【原文】

《象》曰："无往不复"，天地际也。

【白话】

《象辞》说："没有只出去而不回来的"，叶落归根，人回故乡，事物的正反两个方面往往互相转化，表明此时正在天地交合的边沿，处于变化之中。

六四，翩翩不富，以其邻不戒以孚。

【白话】

六四，像飞鸟联翩下降，虚怀若谷，这样与邻居相处，不互相戒备，彼此以诚相见，讲求信用。

【原文】

《象》曰："翩翩不富"，皆失实也；"不戒以孚"，中心愿也。

【白话】

《象辞》说："像飞鸟从高处联翩下降，虚怀若谷"，说明此时不以个人的殷实富贵为念；"与邻居相处，不互相戒备，彼此以诚相见，讲求信用"，因为这是大家内心共同的意愿。

六五，帝乙归妹，以祉（zhǐ 止）元吉。

【白话】

六五，商代帝王帝乙嫁出自己的女儿，因此得到了福分，是十分吉祥的事。

【原文】

《象》曰："以祉元吉"，中以行愿也。

【白话】

《象辞》说："帝乙把女儿嫁给贤德而又富裕的人家，因此获得了深厚的福分，是大吉大利的事"，说明因为实现了长期以来心中祈求的意愿，所以结果是吉祥的。

上六，"城复于隍"；勿用师，自邑告命，贞吝。

【白话】

上六，城墙倒塌在久已干涸的护城壕沟里；这时决不可进行战争，应减少繁琐的政令，以防止可能出现的土崩瓦解的局面。

【原文】

《象》曰：城复于隍，其命乱也。

【白话】

《象辞》说："城墙倒塌在久已干涸的护城壕沟里"，说明形势已经向错乱不利的方面转化，其前景是不大美妙的。

否卦第十二

☷ 坤（地）下乾（天）上

否：否之匪人，不利，君子贞；大往小来。

【白话】

《否卦》象征闭塞：一个封闭的社会，人们之间的来往是不通畅的，天下没有便利之处，君子必须坚守正道；这时强大者离去，弱小者到来。

【原文】

《彖》曰："否之匪人，不利，君子贞；大往小来"，则是天地不交而万物不通也，上下不交而天下无邦也。内阴而外阳，内柔而外刚，内小人而外君子：小人道长，君子道消也。

【白话】

《彖辞》说："一个封闭的社会，人们之间的来往是不通畅的，天下没有便利之处，君子必须坚守正道，这时强大者离去，弱小者到来"。说明天地阴阳之间不相交合，养育万物的自然之道不畅通，君主臣民之间意见不合，因此天下分崩离析，邦国中混乱。阴者居于内而阳者处于外，柔弱顺从者处于内而刚强健壮者居于外，小人居于内而君子处于外：所以小人奸猾阴谋之道与日俱增，君子光明正大之道逐渐消亡。

【原文】

《象》曰：天地不交，"否"；君子以俭德辟难，不可荣以禄。

【白话】

《象辞》说：《否卦》的卦象为坤（地）下乾（天）上，为天在地上之表象。天在极高之处，地在极低之处，天地阴阳之间因而不能互相交合，所以时世闭塞不通，这时候君子必须坚持勤俭节约的美德，以避开危险与灾难，不能谋取高官及丰厚的俸禄，去追求荣华富贵。

初六，拔茅茹，以其汇，贞吉，亨。

【白话】

初六，拔起一把茅草，只见它们的根连在一起，物以类聚，找它们时要以其种类来识别；结果是吉祥的，亨通。

【原文】

《象》曰："拔茅贞吉"，志在君也。

【白话】

《象辞》说："拔起茅草，其根相连，结果吉祥"，说明忠心耿耿，有为君主建功立业的远大志向。

六二，包承，小人吉；大人否，亨。

【白话】

六二，阿谀奉承有权势的人，小人因此获得吉祥；德高望重的大人物否定了阿谀奉承，则是吉利的。

【原文】

《象》曰："大人否亨，"不乱群也。

【白话】

《象辞》说："德高望重的大人物否定了阿谀奉承，则是吉利的"，因为德高望重的大人物是不能与小人为伍的。

六三，包羞。

【白话】

六三，由于受纵容而胡作非为，终于招致羞辱。

【原文】

《象》曰："包羞"，位不当也。

【白话】

《象辞》说："由于受纵容而胡作非为，终于招致羞辱"，说明此时处的位置不正。

九四，有命无咎，畴（chóu仇）离祉。

【白话】

九四，奉行天命，替天行道，开通闭塞，没有灾祸，大家互相依附都可以获得福分。

【原文】

《象》曰："有命无咎"，志行也。

【白话】

《象辞》说："奉行天命，替天行道，开通闭塞，没有灾祸"，说明要实现济困扶危替天行道的志向。

九五，休否，大人吉，其亡其亡，系（jì计）于苞桑。

【白话】

九五，时世闭塞不通的局面将要停止，德高势隆的大人物可以获得吉祥；居安思危，常常以"不久将要灭亡、不久将要灭亡"这样的警句来提醒自己，才能像系结在一大片丛生的桑树上那样牢固，安然无事。

【原文】

《象》曰:"大人之吉",位正当也。

【白话】

《象辞》说:"德高势隆的大人物可以获得吉祥",说明此时处于居中位置,合适得当。

上九,倾否;先否后喜。

【白话】

上九,时世闭塞不通的局面将要改变,发生了天翻地覆的变化;起初闭塞不通,后来顺畅通达,大家欢喜高兴。

【原文】

《象》曰:否终则倾,何可长也!

【白话】

《象辞》说:闭塞到了极点必然要发生倾覆,物极必反,否极泰来,一种局面不会长久持续发生变化的!

同人卦第十三

☲ 离（火）下乾（天）上

同人：同人于野，亨，利涉大川，利君子贞。

【白话】

《同人卦》象征与人和睦相处：和别人亲密地走在宽广的原野上，亨通，有利于渡过大河急流，有利于君子坚守正道。

【原文】

《彖》曰："同人"，柔得位得中而应乎乾，曰同人。同人，曰"同人于野，亨，利涉大川"，乾行也。文明以健，中正而应，君子正也。唯君子为能通天下之志。

【白话】

《彖辞》说："与人和睦相处"，就像柔弱温顺者处于正中位置，又得顺应阳刚强健者，所以能与众人和睦相处。与人和睦相处，"和别人亲密地走在宽阔的原野上，亨通，有利于渡过大河急流"，这表明阳刚强健者的心愿得到实现。强健者讲究文明礼貌，行事坚守正道，互相配合响应，只有君子才具有这种与人和睦相处的高尚德行。只有君子才能统一天下百姓的意志，以便治理天下。

【原文】

《象》曰：天与火，同人；君子以类族辨物。

【白话】

《象辞》说：《同人卦》的卦象是离（火）下乾（天）上，为天下有火之表象。天在高处，火势熊熊而上，天与火亲和相处，君子要明白物以类聚、人以群分的道理，明辨事物，求同存异，团结众人以治理天下。

初九，同人于门，无咎。

【白话】

初九，一出门便能与人和睦相处，不会有什么灾祸。

【原文】

《象》曰：出门同人，又谁咎也！

【白话】

《象辞》说：一出门便能与人和睦相处，又有谁会来危害你呢！

六二，同人于宗，吝。

【白话】

六二，只和本宗本派的人和睦相处，必然会惹来一些麻烦。

【原文】

《象》曰："同人于宗"，吝道也。

【白话】

《象辞》说："只和本宗本派的人和睦相处"，不能团结各个阶层的人，这是引起麻烦的根源。

九三，伏戎于莽，升其高陵，三岁不兴。

【白话】

九三,把军队埋伏在密林草莽之中,占据附近的制高点频频瞭望,三年都不敢出兵打仗。

【原文】

《象》曰:"伏戎于莽",敌刚也;"三岁不兴",安行也?

【白话】

《象辞》说:"埋伏军队在密林草莽中",说明敌人力量强大,我方力量弱小,只能潜伏下来。"三年都不敢兴兵打仗",表明敌我力量相差悬殊,怎么敢冒险轻进呢?

九四,乘其墉(yōng 庸),弗克攻,吉。

【白话】

九四,准备登城向进敌人进攻,但终于没有进攻,是吉祥的。

【原文】

《象》曰:"乘其墉",义弗克也,其"吉",则困而反则也。

【白话】

《象辞》说:"准备登城向敌人进攻",但终于没有进攻,是因为发现这种进攻是不仁义的,这样做能获得吉祥,是因为在困惑时能及时醒悟,反过来能按正确的办法行事。

九五,同人,先号(háo 嚎)咷(táo 啕),而后笑,大师克相遇。

【白话】

九五,与人和睦相处,开始大声痛哭,后来破涕为笑,大军作战告捷,志同道合者相会在一起。

81

【原文】

《象》曰：同人之先，以中直也；大师相遇，言相克也。

【白话】

《象辞》说：与人和睦相处，开始大声痛哭，说明这时内心中正诚信，因不知战事的胜败而焦急痛哭；大军遇到了志同道合者，终于获得了战争的胜利，于是欢笑起来。

上九，同人于郊，无悔。

【白话】

上九，在荒郊也愿与人和睦相处，未遇到志同道合者，也不后悔。

【原文】

《象》曰："同人于郊"，志未得也。

【白话】

《象辞》说："在荒郊也愿与人和睦相处，未遇到志同道合者"，说明此时团结众人，而希望天下大同的愿望没有实现。

大有卦第十四

☰ 乾（天）下离（火）上

大有：元亨。

【白话】
《大有卦》象征大有收获：至为亨通。

【原文】
《彖》曰："大有"，柔得尊位大中，而上下应之，曰大有。其德刚健而文明，应乎天而时行，是以元亨。

【白话】
《彖辞》说："大有收获，得到了大量财富"，表明柔弱温顺者居于尊贵地位，形象高大又能保持中正之道，上下阳刚强健者纷纷相应配合，所以叫"大有收获"。因为能坚持刚健文明的美德，顺应天地之间的规律，所以风调雨顺，获得了大丰收，增加了大量财富，前景当然亨通乐观。

【原文】
《象》曰：火在天上，"大有"；君子以遏（è）恶扬善，顺天休命。

【白话】
《象辞》说：《大有卦》的卦象是乾（天）下离（火）上，为火在天上之表象。火焰高悬于天上，象征太阳照耀万物，世界一片光明，农业大丰收，"大有收获"。君子在这个时候要阻止邪恶，颂扬一切善行，顺应天命，替天行道，以保护万物性命。

初九，无交害，匪咎；艰则无咎。

【白话】

初九，不互相来往，也不彼此伤害，没有什么祸患；要牢记过去的艰难困苦，才能免于引起祸患。

【原文】

《象》曰：《大有》初九，无交害也。

【白话】

《象辞》说：《大有卦》的第一爻（初九），说明此时不互相往来，一动不如一静，就不会有什么是非，自然没有什么祸患了。

九二，大车以载，有攸往，无咎。

【白话】

九二，用大车装载着财物，送到前面的地方，必然没有什么祸患。

【原文】

《象》曰："大车以载"，积中不败也。

【白话】

《象辞》说："用大车装载着财物"，说明很富有，只要把财物放于车中，无论怎样颠簸震荡，都不会倾覆。

九三，公用亨于天子，小人弗克。

【白话】

九三，王公前来朝贺，向天子贡献礼品并致以敬意，小人不能担任如此重要的职务。

【原文】

《象》曰："公用亨于天子"，小人害也。

【白话】

《象辞》说："王公前来朝贺，向天子贡献礼品并致以敬意"，小人若担任如此重要的职务，必然发生变乱，成为祸害。

九四，匪其彭，无咎。

【白话】

九四，虽然家财万贯，但不过分聚敛财物，就不会发生灾祸。

【原文】

《象》曰："匪其彭，无咎"，明辨晢（zhé 晢）也。

【白话】

《象辞》说："虽然家财万贯，但不过分聚敛财物，就不会发生灾祸"，说明眼光远大，智慧过人能明辨是非，懂得凡事不能做过头的哲理。

六五，厥孚交加，威如，吉。

【白话】

六五，以诚实守信的准则对外交往，对上尊敬，对下怀柔，必然增加个人的威信，是吉祥的。

【原文】

《象》曰:"厥孚交加",信以发志也;"威如之吉",易而无备也。

【白话】

《象辞》说:"以诚实守信的准则对外交往,对上尊敬,对下怀柔",说明以自己的诚实信用感动别人,使别人也变得诚实守信起来;"必然增加个人的威信,是吉祥的",说明平易近人,纯真简朴,无所防备,反而使人人敬畏。

上九,自天佑之,吉无不利。

【白话】

上九,上天保佑有德之人,赐福于己,吉祥,无往不利。

【原文】

《象》曰:《大有》上吉,自天佑也。

【白话】

《象辞》说:《大有卦》第六爻位(上九)的吉祥,是上天保佑有道德的人,是上天赐给的福分,只有顺天应人,才能大有收获,得到大量的财富。

谦卦第十五

☷ 艮（山）下坤（地）上

谦：亨，君子有终。

【白话】

《谦卦》象征谦虚：谦虚的美德可以使百事顺利，但谦虚并不是人人都能坚持下去的，而只有君子才能坚持到底。

【原文】

《彖》曰：谦，亨。天道下济而光明，地道卑而上行。天道亏盈而益谦，地道变盈而流谦，鬼神害盈而福谦，人道恶盈而好谦。谦尊而光，卑而不可踰，君子之终也。

【白话】

《彖辞》说：谦虚可以畅通无阻。天的法则是向下降落阳气，救济万物，而光亮明显，地的法则是由于处境低微而使阴气上升。天的法则是损减盈满，增益谦虚；地的法则是变化盈满，使其流布于谦虚；鬼神的法则是伤害盈满，赐福于谦虚；人类的法则是憎恶盈满，喜欢谦虚。谦虚的人，处于高贵的地位而不傲慢。使其德行光明而正大；处于低微的地位而不自卑，使其美德让人难以超越。只有君子才能把谦虚的美德保持到底。

【原文】

《象》曰：地中有山，谦。君子以裒（póu 抔）多益寡，称物平施。

【白话】

《象辞》说：《谦卦》的卦象是艮（山）下坤（地）上，为高山隐藏于地中之表象，象征高才美德隐藏于心中而不外露，所以称作谦。君子总是损多益少，衡量各种事物，然后取长补短，使其平均。

初六，谦谦君子，用涉大川，吉。

【白话】

初六，谦虚而又谦虚的君子，可以涉过大河（意思是能够克服一切困难，排除一切障碍），最终必然安全吉祥。

【原文】

《象》曰："谦谦君子"，卑以自牧也。

【白话】

《象辞》说："谦虚而又谦虚的君子"，即使处于卑微的地位，也能以谦虚的态度自我约束；而不因为位卑，就在品德方面放松修养。

六二，鸣谦，贞吉。

【白话】

六二，谦虚的美名远扬四方，固守中正就可获得吉祥。

【原文】

《象》曰："鸣谦，贞吉"，中心得也。

【白话】

《象辞》说："谦虚的美名远扬四方，固守中正就可获得吉祥"，这是说六二爻以心中纯正赢得名声，而不是靠沽名钓誉获取名声。

九三，劳谦君子，有终，吉。

【白话】

九三，勤劳而谦虚的君子，必能把美德保持到底，最终一定是吉祥的。

【原文】

《象》曰："劳谦君子"，万民服也。

【白话】

《象辞》说："勤劳而又谦虚的君子，必能把美德保持到底"，所以天下的老百姓都服从他。

六四，无不利，㧑（huī 挥）谦。

【白话】

六四，没有任何不吉利，要发扬光大谦虚的美德。

【原文】

《象》曰："无不利，㧑谦"，不违则也。

【白话】

《象辞》说："没有任何不吉利，要发扬光大谦虚的美德"，这不违背谦虚导致亨通的原则。

六五，不富，以其邻利用侵伐，无不利。

【白话】

六五，虽不富有，但却虚怀若谷，有利于和近邻一起征伐那些骄傲蛮横不可一世的人，不会有任何不吉利的结果。

【原文】

《象》曰："利用侵伐"，征不服也。

【白话】

《象辞》说:"有利于出兵讨伐",是指征伐那些骄横而不可一世的人。

上六,鸣谦,利用行师,征邑国。

【白话】

上六,谦虚的美德远扬四方,有利于征伐邻近的小国。

【原文】

《象》曰:"鸣谦",志未得也;"可用行师",征邑国也。

【白话】

《象辞》说:"谦虚的美名远扬四方",但安邦定国之志未酬,所以"可用出师征讨"的办法来惩处那些骄横不可一世的小国。

豫卦第十六

☷ 坤（地）下震（雷）上

豫：利建侯行师。

【白话】

《豫卦》象征欢乐愉快：有利于建立诸侯的伟大功业，有利于出师南征北战。

【原文】

《彖》曰：豫，刚应而志行，顺以动，豫。豫，顺以动，故天地如之，而况建侯行师乎！天地以顺动，故日月不过，而四时不忒（tè 特）；圣人以顺动，则刑罚清而民服。豫之时义大矣哉！

【白话】

《彖辞》说：欢乐愉快，能顺应事物发展的规律而动，结果必然令人欢乐愉快。欢乐愉快既然是顺应事物发展的规律而动所产生的结果，那么，连天地的运行也是如此，更何况建立诸侯的伟大功业和出师南征北战呢！天地按照其运行规律而运动，所以太阳和月亮的运行从来就没有出现过失误，而四季交替循环也从来没有出现过差错；圣人按照社会发展的规律而行动，所以在他的治理下刑罚就清明，广大的百姓就服从他。欢乐愉快所蕴含的意义大得很啊！

【原文】

《象》曰：雷出地奋，豫。先王以作乐崇德，殷荐之上帝，以配祖考。

【白话】

《象辞》说：《豫卦》的卦象为坤（地）下震（雷）上，为地上响雷之表象。雷在地上轰鸣，使大地振奋起来，这就是大自然愉快高兴的表现。上古圣明的君主，根据大自然欢乐愉快时雷鸣地振的情景创造了音乐，并用音乐来崇尚推广伟大的功德。他们以盛大隆重的仪礼，把音乐献给天帝，并用它来祭祀自己的祖先。

初六，鸣豫，凶。

【白话】

初六，自鸣得意，高兴过了头，结果乐极生悲，必遭凶险。

【原文】

《象》曰：初六，"鸣豫"，志穷凶也。

【白话】

《象辞》说：《豫卦》的第一爻位（初六），"自鸣得意，高兴过了头"，说明它没有雄心壮志，志向容易满足。一满足，就得意忘形，结果必遭凶险。

六二，介于石，不终日，贞吉。

【白话】

六二，正直而不同流合污的品德坚如磐石，还不到一天时间，就明白了欢乐愉快的深刻道理，能守正必获吉祥。

【原文】

《象》曰："不终日，贞吉"，以中正也。

【白话】

《象辞》说："还不到一天时间，就明白了愉快欢乐的深刻道理，能守正必获吉祥"，这是因为能居中守正，在欢乐中既不过分，也不会不满足，因而获得吉祥。

六三，盱（xū 需）豫悔；迟有悔。

【白话】

六三，用谄媚奉承暗送秋波的手段取悦于上司，以求得自己的欢乐，这势必导致悔恨。如若执迷不悟，悔恨不及时，就会招致更大的悔恨。

【原文】

《象》曰："盱豫有悔"，位不当也。

【白话】

《象辞》说："用谄媚奉承、暗送秋波的手段取悦于上司，以求得自己的欢乐，这势必导致悔恨"，这是由于六三爻所处位置不正的缘故。

九四，由豫，大有得；勿疑，朋盍（hé 合）簪（zān）

【白话】

九四，人们由于他而得到欢乐愉快，大有所获；毋庸置疑，朋友们会像头发汇聚于簪子一样，积聚在他周围。

【原文】

《象》曰："由豫，大有得"，志大行也。

【白话】

《象辞》说："人们由于得到欢乐愉快，大有所获"，表明九四爻的阳刚之志，可以放手实现。

六五，贞疾，恒不死。

【白话】

六五，国中出现了不少弊病，但仍能长时间地支持下去而不致灭亡。

【原文】

《象》曰：六五"贞疾"，乘刚也；"恒不死"，中未亡也。

【白话】

《象辞》说：《豫卦》的第五爻位（六五）指出，"国中出现了不少弊病"，但有刚强之臣辅佐，"仍能长时间地支持下去而不致灭亡"，这是因为它居中，只要保持中庸，就会长时间地坚持下去而不至于灭亡。

上六，冥豫成，有渝无咎。

【白话】

上六，已处在天昏地暗的局面之中，但却执迷不悟，仍沉溺于寻欢作乐之中，十分危险。但只要及时觉悟，改弦易辙，则可避免祸害。

【原文】

《象》曰："冥豫"在上，何可长也？

【白话】

《象辞》说："已处在天昏地暗的局面之中，但却执迷不悟，仍沉溺于寻欢作乐之中"，并高高在上，不察下情，这样的欢乐愉快怎能长久地保持呢？

随卦第十七

☱ 震(雷)下兑(泽)上

随：元，亨，利，贞，无咎。

【白话】

《随卦》象征随从，随和：如果随从、随和，便能始终亨通，和谐有利。固守正道，没有任何危险。

【原文】

《彖》曰：随，刚来而下柔，动而说。随，大亨，贞无咎，而天下随时，随时之义大矣哉！

【白话】

《彖辞》说：阳刚谦居于阴柔之下，如果有所行动，其他人必然悦而相从。随从、随和，则必然大为亨通。只要坚守正道就无危险。因而万事万物都取决于适宜的时机相随。随从于适宜时机的意义宏大得很啊！

【原文】

《象》曰：泽中有雷，随；君子以向晦入宴息。

【白话】

《象辞》说："《随卦》的卦象是震(雷)下兑(泽)上，为泽中有雷之表象。泽中有雷声，泽随从雷而震动，这便象征随从。君子行事要遵从合适的作息时间，白天出外辛劳工作，夜晚就回家睡觉安息。

初九：官有渝，贞吉。出门交，有功。

【白话】

初九，思想随时代而变化，坚持正道可获吉祥。出门交朋友，一定能成功。

【原文】

《象》曰："官有渝"，从正吉也；"出门交，有功"，不失也。

【白话】

《象辞》说："思想随时代而变化"，但无论怎么变，都必然始终遵从正道，这样就可以获得吉祥。"出门交朋友，一定能成功"，这是因为其唯正是从，见善则从，没有过失的缘故。

六二，係小子，失丈夫。

【白话】

六二，倾心随从于年轻小子，则会失去了阳刚方正的丈夫。

【原文】

《象》曰："係小子"，弗兼与也。

【白话】

《象辞》说："倾心随从于年轻小子则会失去阳刚方正的丈夫"，因为二者是互相排斥的，是不可兼得的。

六三，係丈夫，失小子。随有求得，利居贞。

【白话】

六三，随从阳刚方正的丈夫行事，则必然丢失年轻小子。随从于丈夫，有求必得，有利于安居乐业，坚守妇道，贞节处世。

【原文】

《象》曰:"係丈夫",志舍下也。

【白话】

《象辞》说:"随从阳刚方正的丈夫行事",专心不二,说明其志在于舍弃下方的年轻小子。

九四,随有获,贞凶;有孚在道,以明,何咎!

【白话】

九四,他人追随自己,虽有收获,但有可能发生凶险。虽有凶险,但只要心存诚信,不违正道,使自己的美德显明,那还有什么危害呢?

【原文】

《象》曰:"随有获",其义凶也。"有孚在道",明功也。

【白话】

《象辞》说:"他人追随自己,虽有收获",但因居位不当,有"震主"之嫌,所以可能有凶险。但只要"心存诚信,不违正道",则可逢凶化吉,这是由于立身光明磊落所带来的功效。

九五,孚于嘉,吉。

【白话】

九五,把诚信带给诚实善良之人,可获吉祥。

【原文】

《象》曰:"孚于嘉,吉",位正中也。

【白话】

《象辞》说:"把诚信带给诚实善良之人,可获吉祥",这是因为九五爻得正居中，不倚不偏。

上六，拘係之，乃从，维之；王用亨于西山。

【白话】

上六，只有拘禁起来强迫、命令他，他才不得不顺服追随。再用绳索捆绑紧，才能追随到底。君王在西山设祭，要出师讨伐那些不顺从的人。

【原文】

《象》曰："拘係之"，上穷也。

【白话】

《象辞》说："只有拘禁起来强迫、命令他，他才不得不顺服追随"，这是因为上六爻高居《随卦》最上爻，物极必反的缘故。

蛊卦第十八

☷ 巽（风）上艮（山）上

蛊：元亨，利涉大川；先甲三日，后甲三日。

【白话】
《蛊卦》象征救弊治乱，拨乱反正：从开始就很亨通，有利于涉越大河。不过，在做大事以前，要考察现状、分析事态；在做大事以后，要讲究治理措施，预计到后果。

【原文】
《彖》曰：蛊，刚上而柔下，巽而止蛊。蛊，元亨而天下治也。"利涉大川"，往有事也。"先甲三日，后甲三日"，终则有始，天行也。

【白话】
《彖辞》说：《蛊卦》，阳刚在上，阴柔居下，象征物皆柔顺就能止乱。救弊治乱、拨乱反正，就会始终亨通。如此，则天下大治。"有利于涉越大河"，说明不畏艰险，勇往直前，必有拯世救民的大事可为。"做以前要考察现状、分析事态；做大事以后要讲究治理措施，预计到后果"，即有始有终，有终有始，周而复始，这就是大自然运行的法则。

【原文】
《象》曰：山下有风，蛊；君子以振民育德。

【白话】

《象辞》说：《蛊卦》的卦象是巽（风）下艮（山）上，为山下起大风之表象，象征救弊治乱、拨乱反正。这时候，君子救济人民，培育美德，纠正时弊。

初六，干父之蛊，有子考，无咎；厉终吉。

【白话】

初六，挽救父辈所败坏了的基业，由能干的儿子来继承父辈的事业，必无危害；即使遇到艰难险阻，只要努力奋斗，最终必获吉祥。

【原文】

《象》曰："干父之蛊"，意承考也。

【白话】

《象辞》说："挽救父辈所败坏了的基业"，表明其志在继承父辈的遗业。

九二，干母之蛊，不可贞。

【白话】

九二，救治母辈所造成的弊病，要耐心等待，如果时机不成熟的话，就要坚守正道等待时机。

【原文】

《象》曰："干母之蛊"，得中道也。

【白话】

《象辞》说："救治母辈所造成的弊病"，刚柔适中，既要顺应，又要匡救，不可偏颇。

九三，干父之蛊，小有悔，无大咎。

【白话】

九三，要挽救父辈败坏了的基业，其间必发生失误，因而会产生懊悔，但不会有大的危害。

【原文】

《象》曰："干父之蛊"，终无咎也。

【白话】

《象辞》说："挽救父辈败坏了的基业"，最终不会有祸害。

六四，裕父之蛊，往见吝。

【白话】

六四，宽缓地挽救父辈败坏了的基业，往前发展，必然会因耽误时机而遗憾惋惜。

【原文】

《象》曰："裕父之蛊"，往未得也。

【白话】

《象辞》说："宽缓地挽救父辈所败坏了的基业"，往前发展，难以达到挽救的效果。

六五，干父之蛊，用誉。

【白话】

六五，挽救父辈败坏的基业，一定会受到人们的赞誉。

【原文】

《象》曰："干父用誉"，承以德也。

【白话】

《象辞》说:"挽救父辈所败坏的基业,一定会受到人们的赞誉",因为以美德继承父辈的遗业,总是会受到欢迎的。

上九:**不事王侯,高尚其事。**

【白话】

上九,不侍奉王侯,超然物外,孤芳自赏,使自己的德行至高无上。

【原文】

《象》曰:"不事王侯",志可则也。

【白话】

《象辞》说:"不侍奉王侯",这高洁的志向,可作为人们学习的准则。

临卦第十九

䷒ 兑（泽）下坤（地）上

临：元，亨，利，贞。至于八月有凶。

【白话】
《临卦》象征督导：能亨通无阻，祥和有益，坚守正道。但是到了八月（阳衰阴盛），会有凶险。

【原文】
《彖》曰：临，刚浸而长，说而顺，刚中而应。大亨以正，天之道也。"至于八月有凶"，消不久也。

【白话】
《彖辞》说：阳刚之气日益增长，督导要态度和悦而温顺，与阳刚之气上下相应，这才能起到督导的作用。非常亨通在于能坚守正道，这才符合大自然的规律。"到了八月会有凶险"，这是因为阴阳互相消长，八月阳气渐衰阴气渐盛，好景不能长久的缘故。

【原文】
《象》曰：泽上有地，临；君子以教思无穷，容保民无疆。

【白话】
《象辞》说：《临卦》的卦象是兑（泽）下坤（地）上，为地在泽上之表象。泽上有地，地居高而临下，象征督导。君子由此受到启发，费尽心思地教导人民，并以其无边无际的盛德保护人民。

初九，咸临，贞吉。

【白话】

初九，感应尊贵者，使其行督导之责，可获吉祥。

【原文】

《象》曰："咸临，贞吉"，志行正也。

【白话】

《象辞》说："感应尊贵者，使其行督导之责，可获吉祥"，说明其志向和行为都很正派。

九二，咸临，吉，无不利。

【白话】

九二，"感应尊贵者，使其行督导之责可获吉祥"，不会有什么不利。

【原文】

《象》曰："咸临，吉，无不利"，未顺命也。

【白话】

《象辞》说："感应尊贵者，使其行督导之责，可获吉祥，不会有什么不利"，这是由于不囿于命运安排的樊笼，自身努力的结果。

六三，甘临，无攸利；既忧之，无咎。

【白话】

六三，居高临下，靠甜言蜜语去督导，必无所利；但是，已经觉悟，能忧惧改过，就不会有祸害。

【原文】

《象》曰："甘临"，位不当也。"既忧之"，咎不长也。

【白话】

《象辞》说："居高临下，靠甜言蜜语去督导"，这是因为六三爻位置不当的缘故。但是，"已经觉悟，能忧惧改过"，危害就不会长久了。

六四，至临，无咎。

【白话】

六四，亲善地督导下级，则必然没有祸害。

【原文】

《象》曰："至临，无咎"，位当也。

【白话】

《象辞》说："亲善地督导下级，则必然没有祸害"，这是因为六四爻位置确当的缘故。

六五，知临，大君之宜，吉。

【白话】

六五，以聪明才智来实行督导，这是伟大君主最适宜的统治之道，能获得吉祥。

【原文】

《象》曰："大君之宜"，行中之谓也。

【白话】

《象辞》说："以聪明才智来实行督导，这是伟大的君主最适宜的统治之道"，说的就是行中庸之道。

上六，敦临，吉，无咎。

【白话】

上六，温柔敦厚地实行督导，能获得吉祥，没有危害。

【原文】

《象》曰："敦临之吉"，志在内也。

【白话】

《象辞》说："温柔敦厚地实行督导，能获得吉祥"，说明其志在于利国利家（在内）。

观卦第二十

☶ 坤（地）下巽（风）上

观：盥（guàn 灌）而不荐，有孚颙（yóng）若。

【白话】

《观卦》象征瞻仰：瞻仰了祭祀开头盛大的倾酒灌地的降神仪式，就可以不去看后面的献饗之礼了，因为这时心中已经充满了诚敬肃穆的情绪。

【原文】

《彖》曰：大观在上，顺而巽，中正以观天下。"观盥而不荐，有孚颙若"，下观而化也。观天之神道，而四时不忒。圣人以神道设教，而天下服矣。

【白话】

《彖辞》说："雄伟壮丽的景观在最高的地方，温顺而又中和刚正的美德，足以让天下人瞻仰。瞻仰了祭祀开头盛大的倾酒灌地的降神仪式，就可以不看后面的献饗之礼了，因为这时心中已充满了诚敬肃穆的情绪"，就是说百姓通过观瞻受到良好的教育和感化，观察大自然变化的神妙规律，就会悟出四季循环而无差错的道理。圣人就是遵照神妙的大自然变化的规律，用教育来感化天下民众的。天下的民众都乐意服从。

【原文】

《象》曰：风行地上，观；先王以省方观民设教。

【白话】

《象辞》说:《观卦》的卦象是坤(地)下巽(风)上,为风吹拂于地上而遍及万物之表象,象征瞻仰。先代君王仿效风吹拂于地而遍及万物的精神,视察四方,留心民风民俗,用教育来感化民众。

初六,童观,小人无咎,君子吝。

【白话】

初六,像幼稚的儿童一样观察景物,这对无知的庶民来说,不会有害处,但对担任教化重任的君子来说,就未免有所憾惜。

【原文】

《象》曰:初六,"童观",小人道也。

【白话】

《象辞》说:《观卦》的第一爻位(初六),"像幼稚的儿童一样观察景物",这是浅薄的小人之道。

六二,阚(kuī 亏)观,利女贞。

【白话】

六二,由门缝中偷观景物,有利于妇女保持节操,坚持正道。

【原文】

《象》曰:"阚观,女贞",亦可丑也。

【白话】

《象辞》说:"由门缝中偷观景物,对于妇女来说坚持正道,固守贞操",但对男子汉来说,这样的行为就丢丑了。

六三，观我生，进退。

【白话】

对照高尚的道德标准来省察自己的言行，审时度势，小心谨慎地决定进退。

【原文】

《象》曰："观我生，进退"，未失道也。

【白话】

《象辞》说："对照高尚的道德标准来省察自己的言行，审时度势，小心谨慎地决定进退"，这样做是不失原则的。

六四，观国之光，利用宾于王。

【白话】

六四，瞻仰一个国家的文治武功，有利于成为君王的宾客和辅佐。

【原文】

《象》曰："观国之光"，尚宾也。

【白话】

《象辞》说："瞻观一个国家的文治武功"，说明此国崇尚贤士。

九五，观我生，君子无咎。

【白话】

九五，对照高尚的道德标准省察自己的言行，不断地完善自己，君子就不会有祸患。

【原文】

《象》曰:"观我生",观民也。

【白话】

《象辞》说:"对照高尚的道德标准,审察自己的言行,弄清自己的德行",便可知万民的德行。

上九,观其生,君子无咎。

【白话】

上九,君子时刻瞻仰君主的德行和作为,并按照君主的德行和作为行事,这样才不会有祸患。

【原文】

《象》曰:"观其生",志未平也。

【白话】

《象辞》说:"君子时刻瞻仰君主的德行和作为",因为君子始终以天下为己任,天下未安,其志难平。

噬嗑卦第二十一

䷔ 震（雷）下离（火）上

噬嗑：亨，利用狱。

【白话】
《噬嗑卦》象征咬合：亨通无阻，有利于使用刑法。

【原文】
《彖》曰：颐中有物，曰噬嗑。噬嗑而亨，刚柔分，动而明，雷电合而章。柔得中而上行，虽不当位，利用狱也。

【白话】
《彖辞》说：两颊中有东西，需要咬，所以叫咬合。咬碎东西，上下齿相合，便亨通无阻。刚柔上下分开，交相运动而咬合，就像雷电交击那样。柔顺者居中位得中道，并能奋力向上，虽然不在纯柔之位，但有利于刚柔相济，用刑法排除阻碍，使政通人和。

【原文】
《象》曰：雷电，噬嗑；先王以明罚勅（chì 赤）法。

【白话】
《象辞》说：《噬嗑卦》的卦象是震（雷）下离（火）上，为雷电交击之表象。雷电交击，就像咬合一样；雷有威慑力，电能放光明，古代帝王效法这一现象，明其刑法，正其法令。

初九，屦（jù具）校灭趾，无咎。

【白话】

初九，足戴脚镣，断掉了脚趾头，不会有施刑过重的祸患。

【原文】

《象》曰："屦校灭趾"，不行也。

【白话】

《象辞》说："足戴脚镣，断掉了脚趾头"，受到警戒，不至于旧罪重犯。

六二，噬肤，灭鼻，无咎。

【白话】

六二，施刑伤及犯人的皮肤。即使毁掉犯人的鼻子，也不会有施刑过重的祸患。

【原文】

《象》曰："噬肤，灭鼻"，乘刚也。

【白话】

《象辞》说："施刑伤及犯人的皮肤。毁掉犯人的鼻子"，这是因为必须用重刑使罪犯屈服。

六三，噬腊肉，遇毒；小吝，无咎。

【白话】

六三，实施刑法像咬坚硬的腊肉并遇到毒物那样不顺利，但这不过是稍有憾恨，还不至于有祸害。

【原文】

《象》曰："遇毒"，位不当也。

【白话】

《象辞》说:"实施刑法像咬坚硬的腊肉并遇到毒物那样不顺利",这是因为六三爻居位不正当的缘故。

九四,噬干胏(zǐ子),得金矢;利艰贞,吉。

【白话】

九四,实施刑法像咬带骨头的肉那样困难,但因具有金箭般的刚直品德,因此有利于在艰难中坚守正道,其结果是吉利的。

【原文】

《象》曰:"利艰贞,吉",未光也。

【白话】

《象辞》说:"有利于在艰难中坚守正道,其结果是吉利的",法治应该继续发扬光大。

六五,噬干肉,得黄金;贞厉,无咎。

【白话】

六五,实施刑法像吃干硬的肉脯那样艰难,但它具有黄金般的刚坚中和的品质。所以只要坚守正道,防备凶险,便无祸害。

【原文】

《象》曰:"贞厉,无咎",得当也。

【白话】

《象辞》说:"只要坚守正道,防备凶险,便无祸害",这是因为实施刑法得当的缘故。

上九，何校灭耳，凶。

【白话】

上九，肩负重枷，遭受严惩，失掉耳朵，有凶险。

【原文】

《象》曰："何校灭耳"，聪不明也。

【白话】

《象辞》说："肩负重枷，遭受严惩，失掉耳朵"，这是因为不听劝告，不能改恶从善，太不聪明了，结果受了这样的重刑。

贲卦第二十二

☲ 离（火）下艮（山）上

贲：亨：小利，有攸往。

【白话】
《贲卦》象征装饰：亨通，利于柔小者前去行事。

【原文】
《彖》曰：贲，亨，柔来而文刚，故亨；分刚上而文柔，故小利有攸往，天文也；文明以止，人文也。观乎天文，以察时变；观乎人文，以化成天下。

【白话】
《彖辞》说：对事物进行装饰就能够亨通。用柔顺来装饰刚建，阴阳交饰，所以亨通；又分出阳刚装饰阴柔，有利于柔小者前往行事。这阴阳交错、刚柔相济之美，正是天的纹彩。文章有文采，且符合礼义，这是人类的文采。观看天的纹彩，可以察知四季、昼夜变化的规律；观看人的文采，可以教化天下的人，移风易俗，促成大治。

【原文】
《象》曰：山下有火，贲；君子以明庶政，无敢折狱。

【白话】
《象辞》说："《贲卦》的卦象是离（火）下艮（山）上，为山下燃烧着火焰之表象。山下火焰把山上草木万物照和通明，如同披彩,这就叫装饰。君子像火焰一样,使众多的政务清明,但却不能用修饰的方法来断官司。

初九,贲其趾,舍车而徒。

【白话】
初九,装饰自己的脚趾头,舍弃乘坐车马而徒步行走。

【原文】
《象》曰:"舍车而徒",义弗乘也。

【白话】
《象辞》说:"舍弃乘坐车马而徒步行走",这是因为按道义不该乘坐车马。

六二,贲其须。

【白话】
六二,装饰长者的胡须。

【原文】
《象》曰:"贲其须",与上兴也。

【白话】
《象辞》说:"装饰长者的胡须",是说六二爻与它上面的九三爻同心而互饰之意。

九三,贲如,濡如,永贞吉。

【白话】
九三,装饰得光泽柔润,永远坚守正道,便可获得吉祥。

【原文】

《象》曰:"永贞之吉",终莫之陵也。

【白话】

《象辞》说:"永远坚守正道,便可获得吉祥",是说只有永久坚持正道,才能最终不受人凌辱。

六四,贲如,皤(pó 婆)如,白马翰如;匪寇,婚媾。

【白话】

装饰得那样素雅:全身洁白如玉,乘坐着一匹雪白的骏马,轻捷地往前奔跑。前方的人并非敌寇,而是自己求聘的婚配佳人。

【原文】

《象》曰:六四当位,疑也;"非寇婚媾",终无尤也。

【白话】

《象辞》说:六四爻虽则当位得正,但心中却疑虑重重。"前方的人并非敌寇,而是自己求聘的婚配佳人"。说明尽管放心前往,最终将无所怨恨。

六五,贲于丘园,束帛戋戋;吝,终吉。

【白话】

六五,装饰山丘陵园,质朴无华,再拿一束微薄的丝绢,来骋纳贤士;虽可能产生遗憾,然而最终必获吉祥。

【原文】

《象》曰:六五之吉,有喜也。

117

【白话】

《象辞》说:《贲卦》的第五爻位(六五)的吉祥,说明必有喜事临门。

上九,白贲,无咎。

【白话】

上九,装饰素白,不喜好华丽,没有祸害。

【原文】

《象》曰:"白贲,无咎",上得志也。

【白话】

《象辞》说:"装饰素白,不喜好华丽,没有祸害",说明正符合朴素无华的志向。

剥卦第二十三

☷ 坤（地）下艮（山）上

剥：不利有攸往。

【白话】
《剥卦》象征剥落：不利于前去行事。

【原文】
《彖》曰："剥"，剥也，柔变刚也。"不利有攸往"，小人长也。顺而止之，观象也。君子尚消息盈虚，天行也。

【白话】
《彖辞》说："剥"，就是剥落，具体说，也就是阴柔逐渐改变阳刚并取而代之。"不利于前去行事"，是因为代表小人的势力正在逐渐增长，而代表君子的势力却在逐渐减小。这时，应当顺应时势抑止小人的势力，这是观察上下卦阴长阳消的结果才认识到的。所以，君子崇尚消长盈虚之间的相互转化，等待时机，到条件成熟后再行动，这正是自然界运行的客观法则的反映。

【原文】
《象》曰：山附于地，剥；上以厚下安宅。

【白话】
《象辞》说：《剥卦》的卦象是坤（地）下艮（山）上，好比高山受侵蚀而风化，逐渐接近于地面之表象，因而象征剥落；

位居在上的人看到这一现象,应当加强基础,使它更加厚实,只有这样才能巩固其住所而不至于发生危险。

初六,剥床以足,蔑,贞凶。

【白话】

初六,剥落床体先由床的最下方床腿部位开始,整个床腿都损坏了,结果必然凶险。

【原文】

《象》曰:"剥床以足",以灭下也。

【白话】

《象辞》说:"剥落床体先由床的最下方床腿部位开始",是说先损毁床的基础。基础损坏毁灭了,自然就会有凶险的情况发生,而且还会逐渐扩展波及到上面。

六二,剥床以辨,蔑,贞凶。

【白话】

六二,床腿剥掉后,又开始剥落床头,以至于整个床头都剥落了,结果必然凶险。

【原文】

《象》曰:"剥床以辨",未有与也。

【白话】

《象辞》说:"床腿剥掉后,又开始剥落床头",是因为六二爻没有相应的阳爻援助。由于没有外援,所以导致凶险的情况发生。

六三,剥,无咎。

【白话】

六三，虽被剥落，却没有什么灾祸。

【原文】

《象》曰："剥之无咎"，失上下也。

【白话】

《象辞》说："虽被剥落，却没有什么灾祸"，是因为六三脱离了上下阴爻的行列，而独与阳爻上九相应，由于它潜藏着阳刚的性质，所以仍然可以避免灾祸。

六四，剥床以肤，凶。

【白话】

六四，床头剥落完了，又开始剥落床面，这样必然会有凶险发生。

【原文】

《象》曰："剥床以肤"，切近灾也。

【白话】

《象辞》说："床头剥落完了，又开始剥落床面"，是说已经迫近灾祸了。因为床面剥落损坏，必将危及到床上之人，所以说迫近灾祸了。

六五，贯鱼，以宫人宠，无不利。

【白话】

六五，鱼贯而入，像率领内宫之人顾承君主那样得到宠爱，就不会有什么不利的情况发生。

121

【原文】

《象》曰:"以宫人宠",终无尤也。

【白话】

《象辞》说:"像率领内宫之人顺承君主那样得到宠爱",最终当然不会有什么过失。

上九,硕果不食,君子得舆,小人剥庐。

【白话】

上九,硕大的果实不曾被摘取吃掉,君子若能摘食,则如同坐上大车,受到百姓拥戴;如果被小人摘食,则必招致破家之灾。

【原文】

《象》曰:"君子得舆",民所载也;"小人剥庐",终不可用也。

【白话】

《象辞》说:"君子若能摘食,则如同坐上大车",是由于百姓愿意拥戴君子;"如果被小人摘食,则必招致破家之灾",是由于小人终究是不可以任用的。

复卦第二十四

☷ 震（雷）下坤（地）上

复：亨。出入无疾，朋来无咎。反复其道，七日来复。利有攸往。

【白话】

《复卦》象征复归：亨通顺利。阳气从下面产生而逐渐向上行进没有阻碍，朋友前来也没有灾难危害。返回复归有一定的运动规律，经过七天就会前来复归。利于前去行事。

【原文】

《彖》曰："复，亨"，刚反；动而以顺行，是以"出入无疾，朋来无咎"。"反复其道，七日来复"，天行也。"利有攸往"，刚长也。复，其见天地之心乎？

【白话】

《彖辞》说："《复卦》象征复归，亨通顺利"，是由于阳刚重新返回，阳刚之气自下而上地活动并能够畅通顺利地行进，因而"阳气从下面产生而逐渐向上行进没有阻碍，朋友前来也没有灾难危害"。"返回复归有一定的运动规律，经过七天就会前来复归"，这是自然界运行的客观法则。"利于前去行事"，是因为阳刚一天比一天增长、强大。由此可见，复归大概体现了天地生生不息、生养万物的意志吧？

【原文】

《象》曰：雷在地中，复；先王以至日闭关，商旅不行，后不省方。

【白话】

《象辞》说:《复卦》的卦象是震(雷)下坤(地)上,为雷在地中、阳气微弱地活动之表象,因而象征复归;从前的君主在阳气初生的冬至这一天关闭关口,使商人旅客停止活动,不外出经商、旅行,君主自己也不巡行视察四方。

初九,不远复,无祇(qí奇)悔,元吉。

【白话】

初九,刚刚开始行劝,就能知过必改、复归正道,这样就不会发生灾祸,也不会出现内心的悔恨,必然会获得大吉大利。

【原文】

《象》曰:"不远之复",以修身也。

【白话】

《象辞》说:"刚刚开始行动,就能有知过必改、复归正道的表现",说明能注意自身修养。

六二,休复,吉。

【白话】

六二,以真善美作为自己行为的准则和目标,虽然有时会走弯路,但是,只要能够复归正道,就必然获得吉祥。

【原文】

《象》曰:"休复之吉",以下仁也。

【白话】

《象辞》说:"以真善美为自己行为的准则和目标,能够复归正道，就必然获得吉祥"，是因为六二能够向下亲近具备仁德的人。

六三，频复，厉无咎。

【白话】

六三，屡次犯错误却又能屡次改正过错、复归正道，这样虽然有危险，但是最终却不会遇到灾祸。

【原文】

《象》曰："频复之厉"，义无咎也。

【白话】

《象辞》说："屡次犯错误又能屡次改正过错、复归正道，这样虽然有危险"，但毕竟能够改过从善，复归正道，所以最终却不会遇到灾祸。

六四，中行独复。

【白话】

六四，位居阴爻的正中，独自专一地复归正道。

【原文】

《象》曰："中行独复"，以从道也。

【白话】

《象辞》说："位居阴爻的正中，独自专一地复归正道"，说明是为了奉行追随正道。

六五，敦复，无悔。

【白话】

六五，敦厚忠实地复归正道，内心不会有什么后悔。

【原文】

《象》曰:"敦复,无悔",中以自考也。

【白话】

《象辞》说:"敦厚忠实地复归正道,内心不会有什么后悔",是因为六五爻虽然远离阳刚,但却能够反省考察自己的言行以完善自我,通过这样的途径,促成自己返回正道。

上六,迷复,凶,有灾眚。用行师,终有大败;以其国,君凶。至于十年不克征。

【白话】

上六,犯了错误,仍然执迷不悟,不知悔改复归正道,这样必然凶险,会有天灾人祸不断降临发生。在这种情况下,用兵作战,终将一败涂地;用于治国,国君遭受凶险。这样的状况会一直持续下去,长达十年之久,国家不能振兴。

【原文】

《象》曰:"迷复之凶",反君道也。

【白话】

《象辞》说:"犯了错误,仍然执迷不悟,不知悔改复归正道所产生的凶险",是由于违背为君之道的缘故。

无妄卦第二十五

☴ 震(雷)下乾(天)上

无妄：元亨，利贞。其匪(fěi 非)正有眚，不利有攸往。

【白话】

《无妄卦》象征不妄动妄求：极为亨通顺利，利于坚守正道。然而，如果不能坚守正道的话就会发生祸殃，因而也就不利于前去行事了。

【原文】

《彖》曰：无妄，刚自外来而为主于内，动而健，刚中而应，大亨以正，天之命也。其匪正有眚，不利有攸往。无妄之往，何之矣？天命不祐，行矣哉？

【白话】

《彖辞》说：不妄动妄求，是因为阳刚自外前来而成为内部的主宰，行动起来并且刚健有力，此时极为亨通顺利，但必须坚守正道，这是上天的使命，不可违背。如果不能坚守正道的话就会发生祸殃，因而也就不利于前去行事了。不坚守正道而擅自贸然行动，最终又能到达什么地方呢？违背上天的使命，必然得不到天命的保祐，又怎么能够行得通呢？

【原文】

《象》曰：天下雷行，物与无妄；先王以茂对时育万物。

【白话】

《象辞》说：《无妄卦》的卦象是震（雷）下乾（天）上，好比在天的下面有雷在运行之表象，象征着天用雷的威势警戒万物，并赋予万物以不妄动妄求的本性；从前的君主顺应天命，尽其所能地遵循天时以养育万物的生长。

初九，无妄，往吉。

【白话】

初九，只要是不妄动妄求的话，那么，前去行事就一定会获得吉祥。

【原文】

《象》曰："无妄之往"，得志也。

【白话】

《象辞》说："不妄动妄求地前去行事"，是说这样就可以实现志愿。

六二，不耕获，不菑（zī 资）畬（yú 余），则利有攸往。

【白话】

六二，不在刚开始耕作时就期望立刻获得丰收，不在荒地刚开垦一年时就期望它立即变成良田，能够这样，才是不妄动妄求，因而利于前去行事。

【原文】

《象》曰："不耕获"，未富也。

【白话】

《象辞》说："不在刚开始耕作时就期望立刻获得丰收"，是说不企求获得非分的财富。

六三，无妄之灾，或系之牛，行人之得，邑人之灾。

【白话】

六三，无缘无故而遭受灾祸，好比有人把一头牛拴在村边道路旁，路过的人顺手把牛牵走，同村的人却被怀疑为偷牛的人而蒙受不白之冤。

【原文】

《象》曰：行人得牛，邑人灾也。

【白话】

《象辞》说：路过人顺手把牛牵走，意味着同村的人就会自然地被怀疑为偷牛的人而蒙受不白之冤。这种灾难不是因为自己有过，而是由于某种客观原因的巧合所造成的。

九四，可贞，无咎。

【白话】

九四，能够坚守正道，所以没有灾祸。

【原文】

《象》曰："可贞，无咎"，固有之也。

【白话】

《象辞》说："能够坚守正道，所以没有灾祸"，是说坚守正道的品德是其本身所固有的，所以，自始至终牢固地坚守正道，才能使自己免遭灾害。

九五，无妄之疾，勿药有喜。

【白话】

九五，不妄动妄求却身染疾病，这种疾病不需用药医治，它会不用治疗便自行消除。

【原文】

《象》曰:"无妄之药",不可试也。

【白话】

《象辞》说:"不妄动妄求却身染疾病,这种疾病不需用药医治",是说药是不可以轻易尝试、随便使用的,因为病本来就可以自行消除。

上九,无妄,行有眚,无攸利。

【白话】

上九,虽然不妄动妄求,但是,仍然不宜于行动,如果勉强地行动,就会遭受祸殃,得不到一点好处。

【原文】

《象》曰:"无妄之行",穷之灾也。

【白话】

《象辞》说:"虽然没有妄为,但如有行动(却仍然遭受祸殃)",这是由于客观的时遇所造成的灾祸,而不以人的意志为转移。

大畜卦第二十六

䷙ 乾（天）下艮（山）上

大畜：利贞；不家食吉，利涉大川。

【白话】

《大畜卦》象征大量的畜养积聚：利于坚守正道；不要让贤能的人穷困地居于家中自谋生计，而应该把他招到朝廷中食取国家的俸禄，把才能贡献给国家，这样便可以获得吉祥；利于涉过大河。

【原文】

《彖》曰：大畜，刚健笃实，辉光日新其德；刚上而尚贤，能止健，大正也。"不家食吉"，养贤也。"利涉大川"，应乎天也。

【白话】

《彖辞》说：大量的畜养积聚，刚强健壮、忠诚实在，它光辉灿烂，且能够不断地增进其美德，使其面貌天天焕然一新；阳刚位居在上而能够推崇贤能之士，又能为国家畜养积聚刚健的德才兼备之人，这是最大的正道。"不要让贤能的人穷困地居于家中自谋生计，而应该把他招到朝廷中食取国家的俸禄，把才能贡献给国家，这样便可以获得吉祥"，说明了必须畜养积聚贤人的重要性。"利于涉过大河"，是因为能顺应天道而行，因而也就没有什么艰险危险可以阻挡了。

【原文】

《象》曰：天在山中，大畜；君子以多识前言往行，以畜其德。

【白话】

《象辞》说：《大畜卦》的卦象是乾（天）下艮（山）上，为天被包含在山里之表象，象征大量的畜养积聚；君子效法这一精神，应当努力更多地学习领会前代圣人君子的言论和行为，以此充实自己，培养美好的品德和积聚广博的知识。

初九，有厉，利已。

【白话】

初九，不顾一切地贸然前进就会有危险的情况发生，这时只有暂时停下来不勉强前进才会有利。

【原文】

《象》曰："有厉，利已"，不犯灾也。

【白话】

《象辞》说："不顾一切地贸然前进就会有危险的情况发生，这时只有暂时停下来不勉强前进才会有利"，是说不必冒着灾难风险前进。

九二，舆说（同"脱"）輹（fù复）。

【白话】

九二，车子脱去轮輹自动停下来不再前进。

【原文】

《象》曰：舆说（同"脱"）輹，中无尤也。

【白话】

《象辞》说："车子脱去轮輹自动停下来不再前进"，说明九二爻虽然刚健急躁，但它能够自度量时，自动停止不前，所以没有贸然前进的过失。

九三，良马逐，利艰贞。曰闲舆卫，利有攸往。

【白话】

九三，骏马奔驰如同风驰电掣一般，但是，贸然前进有陷入危险的可能，所以应当警惕前进道路上的各种艰难，同时又应当坚守正道，这样才会安然无恙。只有娴熟地掌握了驾车和防卫的本领，才能利于前去行事。

【原文】

《象》曰："利有攸往"，上合志也。

【白话】

《象辞》说："利于前去行事"，是因为九三与上九志同道合，没有妨碍。

六四，童牛之牿（gù 固），元吉。

【白话】

六四，给头上尚未长角的小牛预先装上一块横木，以防止它长出角后顶人，这是大吉大利的。

【原文】

《象》曰：六四"元吉"，有喜也。

【白话】

《象辞》说：《大畜卦》的第四爻位（六四）的"大吉大利"，是因为能够防患于未然，未雨而绸缪，因而是可喜的。

六五，豮（fén 坟）豕（shǐ 史）之牙，吉。

【白话】

六五，面对长有锋利牙齿的猪，并不从如何除去它的牙齿上下手，而是避其锋利，击其要害，将它阉割，这样就可以制服它刚暴凶猛的本性，使它变得温顺，这样便能平安无事，获得吉祥。

【原文】

《象》曰：六五之吉，有庆也。

【白话】

《象辞》说：《大畜卦》的第五爻位（六五）的吉祥，是因为能够抓住事物的关键，从根本上予以治理，因而是可庆可贺的。

上九，何天之衢（qú 渠），亨。

【白话】

上九，四通八达，多么畅通无阻的天街大道，必然亨通顺利。

【原文】

《象》曰："何天之衢"，道大行也。

【白话】

《象辞》说："四通八达，多么畅通无阻的天街大道"，是说由于大量畜养积聚贤士，天下已经贤路大开了。

颐卦第二十七

☶ 震（雷）下艮（山）上

颐：贞吉；观颐，自求口实。

【白话】

《颐卦》象征颐养：只有坚守正道才能获得吉祥；通过观察能够体现颐养的具体实例，以及自己是如何谋取口中食物的，这样才能真正地掌握颐养之道，获得吉祥。

【原文】

《彖》曰：颐，贞吉，养正则吉也。观颐，观其所养也；自求口实，观其自养也。天地养万物，圣人养贤以及万民。颐之时大矣哉！

【白话】

《彖辞》说：颐养，只有坚守正道才能获得吉祥，是说只有坚持正确的原则，用正确的方法养育他人和保养自己，才能获得吉祥。观察颐养的具体实例，就是要观察一个人是如何养育他人的；观察自己是如何谋取口中食物的，就是要观察一个人是怎样进行自我保养的。上天与大地根据不同的季节，用雨露阳光和肥沃的泥土滋养万物，圣人蓄养积聚贤能的人，颐养天下所有的百姓。由此可见，如果能够根据具体情况运用颐养之道的话，就会充分体现出它的伟大功效！

【原文】

《象》曰：山下有雷，颐；君子以慎言语，节饮食。

【白话】

《象辞》说：《颐卦》的卦象是震（雷）下艮（山）上，为雷在山下震动之表象，引申为咀嚼食物时上颚静止、下颚活动的状态，因而象征颐养；颐养必须坚守正道，所以君子应当言语谨慎以培养美好的品德，节制饮食以养育健康的身体。

初九，舍尔灵龟，观我朵颐，凶。

【白话】

初九，舍弃你如同神龟般的聪明智慧，痴呆地看着我鼓动腮帮子进食，结果必然导致凶险。

【原文】

《象》曰："观我朵颐"，亦不足贵也。

【白话】

《象辞》说："痴呆地看着我鼓动腮帮子进食"，是说初九爻虽重视保养身体，但由于不能坚守正道，并不值得推崇。

六二，颠颐，拂经，于丘颐，征凶。

【白话】

六二，反过来向下属乞求食物以获取奉养，是违背常理的，向高丘处的人乞食，则前进的途中必然遭遇凶险。

【原文】

《象》曰：六二"征凶"，行失类也。

【白话】

《象辞》说：《颐卦》的第二爻位（六二）"前进的途中必然遭遇凶险"，是因为前进的途中没有相应的同类。

六三，拂颐，贞凶，十年勿用，无攸利。

【白话】

六三，违背颐养的正道，仍然一味地只求口腹之欲，结果必然遭遇凶险，在十年的漫长岁月里被遗弃而得不到养育，没有一点好处。

【原文】

《象》曰："十年勿用"，道大悖（bèi 倍）也。

【白话】

《象辞》说："在十年的漫长岁月里被遗弃而得不到养育"，是因为它与颐养的正道大相径庭，从根本上违背了养育他人和保养自己的原则和方法。

六四，颠颐，吉；虎视眈眈，其欲逐逐，无咎。

【白话】

六四，反过来向下属乞求食物以获取奉养，可以获得吉祥；因为这就像老虎要扑食那样，虎视眈眈，专心致志，孜孜以求，则必然能够达到目的，当然也没有什么灾祸。

【原文】

《象》曰："颠颐之吉"，上施光也。

【白话】

《象辞》说："反过来向下属乞求食物以获取奉养的吉祥"，是因为六四位居在上，与初九照应，同时又能坚守正道，虽取之于民，却又用之于民，这也就是说，它能够向下普遍地施舍光明恩德。

六五，拂经，居贞吉，不可涉大川。

【白话】

六五，违背颐养的正道，但是却能够安然地居于尊位，所以结果吉祥，只是尚不能处理极为艰险困难的事情，就像不能够涉过大河一样。

【原文】

《象》曰："居贞之吉"，顺以从上也。

【白话】

《象辞》说："能够安然地居于尊位，所以结果吉祥"，是因为能够顺从有阳刚之美的贤者。

上九，由颐；厉吉，利涉大川。

【白话】

上九，天下百姓都依靠他的养育而得以安居乐业；肩负如此重任，必须谨防危险，有所戒惧才能获得吉祥，这样也才能排除万难，就像顺利涉过大河一样。

【原文】

《象》曰："由颐厉吉"，大有庆也。

【白话】

《象辞》说："天下百姓都依靠他的养育而得以安居乐业，必须谨防危险，有所戒惧才能获得吉祥"，是说养育天下百姓，因而能得到天下的信任和爱戴，达到普天同庆。

大过卦第二十八

☱ 巽（风）下兑（泽）上

大过：栋桡（náo 挠）；利有攸往，亨。

【白话】
《大过卦》象征极为过分：房屋的栋梁受重压而弯曲；利于前去行事，亨通顺利。

【原文】
《彖》曰："大过"，大者过也。"栋桡"，本末弱也。刚过而中，巽而说行，利有攸往，乃亨。"大过"之时大矣哉！

【白话】
《彖辞》说："大过"，就是阳刚极为过分的意思。"房屋的栋梁受重压而弯曲"，是说栋梁的两端过分柔弱，无力承受重压，所以致使栋梁受压而弯曲。阳刚虽然过分，但如能实行中道，用柔顺与和悦来调剂，仍然利于前去行事，结果必然会亨通顺利。由此可见，虽然阳刚极为过分，但是，只要能够坚守正道，根据不同的场合具体辩证地加以运用，就会充分体现出它的伟大功效！

【原文】
《象》曰：泽灭木，大过；君子以独立不惧，遯（dùn 遁）世无闷。

【白话】
《象辞》说：《大过卦》的卦象是巽（风）下兑（泽）上，

巽在这里代表木，故为水泽淹没了树木之表象，象征极为过分；君子取法这一现象，就应当坚持自己的操守，进则超然独行，不必顾忌和畏惧他人的非议；退则逃避世间，不为隐姓埋名而苦闷烦恼。

初六，藉（jiè 介）用白茅，无咎。

【白话】

初六，本来直接把器物放置在地上就可以了，现在又用白色的茅草衬垫在器物的下面，使它更加安稳，所以不会发生灾祸。

【原文】

《象》曰："藉用白茅"，柔在下也。

【白话】

《象辞》说："用白色的茅草衬垫在器物的下面"，是说行为非常小心谨慎，所以不会发生什么灾祸。

九二，枯杨生稊（tí 题），老夫得其女妻，无不利。

【白话】

九二，已经枯萎的杨树重新又长出新的枝芽，老年男子娶了位年轻的妻子，这种现象没有什么不利的。

【原文】

《象》曰："老夫女妻"，过以相与也。

【白话】

《象辞》说："老年男子娶了位年轻的妻子"，虽为过分，但由于能够刚柔相济，所以不会发生不利的情况。

九三，栋桡，凶。

【白话】

九三，房屋的栋梁受重压而弯曲，结果必然发生凶险。

【原文】

《象》曰："栋桡之凶"，不可以有辅也。

【白话】

《象辞》说："房屋的栋梁受重压而弯曲，结果必然发生凶险"，是因为阳刚极为过分，所以不能再来辅助它，否则后果将不堪设想。

九四，栋隆，吉；有它，吝。

【白话】

九四，房屋的栋梁向上隆起，克服了弯曲，可以获得吉祥；不能再弯曲，再弯曲就会出问题。

【原文】

《象》曰："栋隆之吉"，不桡乎下也。

【白话】

《象辞》说："房屋的栋梁向上隆起，克服了弯曲，可以获得吉祥"，是由于九四爻本身能使栋梁不再向下弯曲。

九五，枯杨生华，老妇得其士夫，无咎无誉。

【白话】

九五，已经枯萎的杨树重新又盛开鲜艳的花朵，已经衰老的妇人嫁给了年富力强的男子，这种现象既不会遇到什么祸害，也没有什么值得称道的。

【原文】

《象》曰:"枯杨生华",何可久也?"老妇士夫",亦可丑也。

【白话】

《象辞》说:"已经枯萎的杨树重新又盛开鲜艳的花朵",表面现象又怎么可以长久保持下去呢?"已经衰老的妇人嫁给了年富力强的男子",这种婚配是会令人深感羞耻的。

上六,过涉灭顶,凶,无咎。

【白话】

上六,涉过深之水以至于淹没了头顶,就会发生凶险,但最终不会有祸患。

【原文】

《象》曰:"过涉之凶",不可咎也。

【白话】

《象辞》说:"涉过深之水会发生凶险",但如果能及时补救,还是可以化险为夷,最终不会有祸患。

坎卦第二十九

☵ 坎（水）下坎（水）上

习坎：有孚，维心亨，行有尚。

【白话】

《坎卦》象征重重艰险：像水奔流一样，胸怀坚定的信念，执著专一，内心才能不畏艰险而获得亨通，这种奔流不止、坚强刚毅的行为必然被人们所崇尚。

【原文】

《象》曰："习坎"，重险也，水流而不盈，行险而不失其信。"维心亨"，乃以刚中也。"行有尚"，往有功也。天险不可升也，地险山川丘陵也。王公设险以守其国，险之时用大矣哉！

【白话】

《象辞》说："上下卦都是坎"，表示重重的艰险困难，好比前方有无数个极深的陷坑，水奔流涌进凹处，虽然还不能将它们充满，但是水却能行历各种艰险而不失去坚定的信念，专一的执著。"内心不畏艰险而获得亨通"，是由于具有坚强刚毅、不偏不倚的品德。"奔流不止的行为必然被人们所崇尚"，是因为勇往直前，就会克服重重险阻，获得成功。天以高作为自己的险阻，人们无法升上去，地以山河丘陵作为自己的险阻，人们难以畅通顺利地前进。王公贵族效法天地，设置屏障险阻以保卫国家。由此可见，只要具体辩证地运用险阻，就会充分体现出它的伟大功效！

【原文】

《象》曰：水洊（jiàn荐）至，习坎；君子以常德行，习教事。

【白话】

《象辞》说：《坎卦》的卦象是坎（水）下坎（水）上，为水流之表象。流水相继而至、潮涌而来，必须充满前方无数极深的陷坑才能继续向前，所以象征重重的艰险困难；君子因此应当坚持不懈地努力，反复不间断地推进教育事业。

初六，习坎，入于坎窞（dàn旦），凶。

【白话】

初六，置身于重重的艰险困难之中，落入到陷坑的最底下，结果必然是凶险的。

【原文】

《象》曰："习坎入坎"，失道凶也。

【白话】

《象辞》说："置身于重重的艰险困难之中，落入到陷坑的最底下"，是因为不能坚守正道，自身软弱无能，又得不到外援，所以遭遇凶险。

九二，坎有险，求小得。

【白话】

九二，仍然处在陷坑之中面临危险，虽不能脱险，但在一定程度上还是可以解决一些小问题的。

【原文】

《象》曰："求小得"，未出中也。

【白话】

《象辞》说:"虽不能脱险,但在一定程度上还是可以解决一些小问题的",说明仍未彻底脱离险境。

六三,来之坎坎,险且枕,入于坎窞,勿用。

【白话】

六三,往来进退都处在重重陷坑之间,而临危险难以得到安全,落入陷坑的最底下,在这种情况下,只有伏枕以待,不可轻举妄动。

【原文】

《象》曰:"来之坎坎",终无功也。

【白话】

《象辞》说:"往来进退都处在重重陷坑之间",是说虽急于求得平安,结果是欲速则不达,最终还是不能摆脱危险,走出困境。

六四,樽(zūn 尊)酒,簋(guǐ 轨)贰,用缶,纳约自牖(yǒu 友),终无咎。

【白话】

六四,一樽酒,两簋饭,用瓦缶盛着进献,礼虽然很轻,然而却充满了深厚的情意,正大光明地表示诚信,最终不会发生灾祸。

【原文】

《象》曰:"樽酒簋贰",刚柔际也。

【白话】

《象辞》说:"一樽酒两簋饭",是说在艰险困难的情况下能

145

够推心置腹、相互信任地交往，刚柔相济，所以最终免遭灾祸。

九五，坎不盈，祗既平，无咎。

【白话】

九五，奔流的水还未溢出陷坑，然而却已和陷坑平齐了，还不会发生灾害。

【原文】

《象》曰："坎不盈"，中未大也。

【白话】

《象辞》说："奔流的水还未溢出陷坑"，说明居中而不自大，所以，还不会发生灾害。

上六，系用徽纆（mò默），寘（zhì置）于丛棘，三岁不得，凶。

【白话】

上六，被绳索重重地捆绑住，囚放在荆棘丛生的牢狱中，长达三年不能解脱，十分凶险。

【原文】

《象》曰：上六失道，凶三岁也。

【白话】

《象辞》说：《坎卦》的第六爻位（上六）面临艰险困难，不能坚守正道，所以遭受三年的凶险。

离卦第三十

☲ 离（火）下离（火）上

离：利贞，亨；畜牝牛，吉。

【白话】

《离卦》象征附着：利于坚守正道，这样必然亨通；畜养柔顺的母牛，可以获得吉祥。

【原文】

《彖》曰：离，丽也；日月丽乎天，百谷草木丽乎上。重明以丽乎正，乃化成天下。柔丽乎中正，故亨，是以畜牝牛吉也。

【白话】

《彖辞》说：离，就是附丽，也就是附着的意思；譬如太阳和月亮附着在天空，各种谷物和花草树木附着在大地。上下充满光明而且又附着于正道，于是便能够推行教化于天下，达到治理天下的目的。柔顺者附着于中正之处，并且坚守正道，当然能够获得亨通。畜养柔顺的母牛也是同样的道理，自然可以获得吉祥。

【原文】

《象》曰：明两作，离；大人以继明照于四方。

【白话】

《象辞》说：《离卦》的卦象为离（火）下离（火）上，为光明接连升起之表象。《离卦》的本象为火，这里代表太阳。太阳东升西落，因而有上下充满光明的形象。太阳的光明连续照耀，必须高悬依附在天空才行，所以象征附着；伟大的人物效法这一现象，也应当连绵不断地用太阳般的光明美德普照四方。

初九，履错然，敬之，无咎。

【白话】

初九，在开始行事时，由于急于求成而出现错乱，后来能恭敬慎重且未轻举妄动，结果没有发生什么灾祸。

【原文】

《象》曰："履错之敬"，以辟咎也。

【白话】

《象辞》说："在开始行事时，由于急于求成而出现错乱，后来能恭敬慎重且未轻举妄动"，主要是为了避免灾祸的发生。

六二，黄离，元吉。

【白话】

六二，附着在黄色上，就可以获得大吉大利。

【原文】

《象》曰："黄离元吉"，得中道也。

【白话】

《象辞》说："附着在黄色上，就可以获得大吉大利，是因为黄色代表中，坚守正道，可以获得大吉大利。

九三，日昃（zè仄）之离，不鼓缶而歌，则大耋（dié叠）之嗟，凶。

【白话】

九三，夕阳西下，好比人生已入老年，这时如果不能敲着瓦器伴唱高歌地欢度晚年，就难免会有春蚕将死、蜡炬成灰的哀叹，这样必然遭遇凶险。

【原文】

《象》曰："日昃之离"，何可久也！

【白话】

《象辞》说："夕阳西下，好比人生已步入老年"，太阳偏西即将落下，人步入老年呢？即将死去，怎么能长久呢！

九四，突如其来如，焚如，死如，弃如。

【白话】

九四，突然间发出万道光芒，犹如燃烧的烈火，但顷刻之间又烟消云散，不复存在，落得个被抛弃的下场。

【原文】

《象》曰："突如其来如"，无所容也。

【白话】

《象辞》说："突然间发出万道光芒，犹如燃烧的烈火"，这种刚烈暴躁的气焰，必然带来危险，是天下人所不能容忍的。

六五，出涕沱（tuó 驼）若，戚嗟若，吉。

【白话】

六五，眼泪像泉水一样不停地涌出，纷纷从面颊上流下，忧愁悲伤地叹息，居安思危到了这种程度，必将获得吉祥。

【原文】

《象》曰：六五之吉，离王公也。

【白话】

《象辞》说：《离卦》的第五爻位（六五）之所以能够获得吉祥，是由于它附着在君主旁，受到了君主的庇佑。

上九，王用出征，有嘉折首，获匪其丑，无咎。

【白话】

上九，君主动用军队出兵征伐，建功立业，获得美誉，斩杀敌方首领，捕获不愿归附者，这样做不会发生灾祸。

【原文】

《象》曰："王用出征"，以正邦也。

【白话】

《象辞》说："君主动用军队出兵征伐"，是为了治理国家，并非是为了耀武扬威，滥杀无辜。所以，进行正义的战争，就不会发生灾祸。

◇ 下　　经 ◇

咸卦第三十一

☶ 艮（山）下兑（泽）上

咸：亨，利贞；取女吉。

【白话】

《咸卦》象征感应：亨通顺利，有利于坚守正道；娶妻可以获得吉祥。

【原文】

《彖》曰：咸，感也；柔上而刚下，二气感应以相与。止而说（yuè悦），男下女，是以亨，利贞，取女吉也。天地感而万物化生，圣人感人心而天下和平。观其所感，而天地万物之情可见矣！

【白话】

《彖辞》说：咸，就是相互感应的意思；好比是阴柔居上而阳刚居下，这样阴阳二气才会相互感应配合而亲切的交往。相互感应时，阳刚一方能够不妄动而自我克制，阴柔一方能够欢欣喜悦，如同男子以礼求婚于女子，因此畅通顺利，而有利于坚守正道，这样娶妻便可以获得吉祥。天与地相互感应就促成万物发育生长，圣人感化百姓就会使天下和平安定。通过观察男女之间相互感应的具体实例，以小见大，我们就不难发现天地万物的真情了！

【原文】

《象》曰：山上有泽，咸；君子以虚受人。

【白话】

《象辞》说：《咸卦》的卦象是艮（山）下兑（泽）上，为山上有泽之表象，即上方的水泽滋润下面的山体，下面的山体承托上方的水泽并吸收其水分的形象，因而象征感应；君子效法山水相连这一现象，以虚怀若谷的精神容纳感化他人。

初六，咸其拇。

【白话】

初六，感应发生在脚的大拇指上。

【原文】

《象》曰："咸其拇"，志在外也。

【白话】

《象辞》说："感应发生在脚的大拇指上"，说明其感应的志向是向外追求。

六二，咸其腓（féi肥），凶；居吉。

【白话】

六二，感应发生在小腿肚上，是由于急躁妄动，这样就会发生凶险的事情；若是安居静处，便可以获得吉祥。

【原文】

《象》曰：虽凶居吉，顺不害也。

【白话】

《象辞》说：虽然会发生凶险的事情，但是只要安居静处，便可以避灾远祸了。

九三，咸其股，执其随，往吝。

【白话】

九三，感应发生在大腿上，一味地跟随着别人任意妄动，这样前去行事，必然导致灾祸。

【原文】

《象》曰："咸其股"，亦不处也；"志在随人"，所执下也。

【白话】

《象辞》说："感应发生在大腿上"，说明不能安居静处，自我克制，而是性情急躁，随心所欲地任意妄为；"盲目地跟随别人任意妄为"，是因为它所执意追求的过于低下卑劣了。

九四，贞吉，悔亡；憧憧往来，朋从尔思。

【白话】

九四，内心保持纯洁无邪的态度，就可以获得吉祥，没有后悔；心猿意马地与朋友交往，朋友会报答你的情意。

【原文】

《象》曰："贞吉悔亡"，未感害也；"憧憧往来"，未光大也。

【白话】

《象辞》说："内心保持纯洁无邪的态度，就可以获得吉祥，没有后悔"，说明九四爻并没有因感应而遭受祸害；"心猿意马地与朋友交往"，朋友面必然窄，影响也小，不能遍及于天下人。

九五，咸其脢（méi 眉），无悔。

【白话】

九五，感应发生在脊背的肉上，不会发生后悔。

【原文】

《象》曰："咸其脢"，志末也。

【白话】

《象辞》说："感应发生在脊背的肉上"，说明其只知独善其身，这样它的志向难免过于浅薄了。

上六，咸其辅、颊、舌。

【白话】

上六，感应发生在牙床、脸颊、舌头上。

【原文】

《象》曰："咸其辅、颊、舌"，滕（téng 腾）口说也。

【白话】

《象辞》说："感应发生在牙床、脸颊、舌头上"，说明其只是玩弄三寸不烂之舌而已。

恒卦等三十二

☴ 巽（风）下震（雷）上

恒：亨，无咎，利贞，利有攸往。

【白话】

《恒卦》象征常久：亨通顺利，没有灾祸，利于坚守正道，利于前去行事。

【原文】

《彖》曰：恒，久也。刚上而柔下，雷风相与，巽而动，刚柔皆应，恒。"恒：亨，无咎，利贞"，久于其道也。天地之道，恒久而不已也；"利有攸往"，终则有始也。日月得天而能久照，四时变化而能久成，圣人久于其道而天下化成。观其所恒，而天地万物之情可见矣！

【白话】

《彖辞》说：恒，就是常久的意思。阳刚居于上，阴柔居于下；雷厉风行，二者常是相辅相成而不停地活动，既能谦逊地顺从，同时又能积极地行动，刚柔相济，所以本卦取名为恒。"《恒卦》象征常久：亨通顺利，没有灾祸，利于坚守正道"，是说必须坚持不懈、毫不动摇地坚持正道。天与地的运行法则，就是永恒常久、丝毫没有间歇停止的；"利于前去行事"，是说事物变化发展的规律是周而复始、循环无穷的，到了终点同时就又获得了新的起点。太阳月亮遵循自然规律就能长久地普照万物，春夏秋冬交替变化就能长久地生成万物，圣人坚持不懈、毫不动摇地坚守正道就能达到治理天下的目的。通过观察能够反映"常久"这一规律的具体实例，我们就不难发现天地万物的真情了！

【原文】

《象》曰：雷风，恒；君子以立不易方。

【白话】

《象辞》说：《恒卦》的卦象是巽（风）下震（雷）上，为风雷交加之表象，二者常是相辅相成而不停地活动的形象，因而象征常久；君子效法这一现象，应当树立自身的形象，坚守常久不变的正道。

初六，浚（jùn峻）恒，贞凶，无攸利。

【白话】

初六，刨根挖底地深入追求常久之道，结果必然凶险，没有一点好处。

【原文】

《象》曰："浚恒之凶"，始求深也。

【白话】

《象辞》说："刨根挖底地深入追求常久之道所产生的凶险"，是因为事情刚开始，追求的目标就过于深远的缘故。

九二，悔亡。

【白话】

九二，悔恨自行消除。

【原文】

《象》曰：九二"悔亡"，能久中也。

【白话】

《象辞》说:《恒卦》的第二爻位(九二)能够使"悔恨自行消除",是由于它能够长久地守中不偏的缘故。

九三,不恒其德,或承之羞,贞吝。

【白话】

九三,不能长久地保持美好的品德,总会不时蒙受他人的羞辱,结果难免产生惋惜。

【原文】

《象》曰:"不恒其德",无所容也。

【白话】

《象辞》说:"不能长久地保持美好的品德",是说由于急躁妄动,不安分守己,没有恒心,因此落了个无处容身的下场。

九四,田无禽。

【白话】

九四,田间狩猎,结果却没有捕获到任何禽兽。

【原文】

《象》曰:久非其位,安得禽也?

【白话】

《象辞》说:长久地处在不属于自己应该处的位置上,又怎么能够捕获到禽兽呢?

六五,恒其德,贞;妇人吉,夫子凶。

【白话】

六五,长久地保持柔顺服从的美好品德,永远坚守正道;这样的话,女人可以获得吉祥,男人则遭遇凶险。

【原文】

《象》曰:妇人贞吉,从一而终也;夫子制义,从妇凶也。

【白话】

《象辞》说:女人坚守正道可以获得吉祥,是说女人一生应该只嫁给一个丈夫,终身都不能改嫁他人;男人遇事应当果断处理,如果像女人那样只知顺从、优柔寡断的话,就会遭遇凶险。

上六,振恒,凶。

【白话】

上六,摇摆不定,不能坚守常久之道,结果必然凶险。

【原文】

《象》曰:振恒在上,大无功也。

【白话】

《象辞》说:摇摆不定,不能坚守常久之道,但是又高高在上,终将一无所成,不会有所建树。

遯卦第三十三

☶ 艮（山）下乾（天）上

遯：亨，小利贞。

【白话】
《遯卦》象征退避：亨通，小事能够成功。

【原文】
《彖》曰："遯，亨"，遯而亨也；刚当位而应，与时行也。"小利贞"，浸而长也。遯之时义大矣哉。

【白话】
《彖辞》说：《遯卦》之所以亨通，说明只有隐退避让，才能够通行无阻。阳刚者虽居尊位，也要上下照应，根据时势的变化而退避。"小事能够成功"，是因为阴气渐盛，阳刚者难以大有作为。《遯卦》所揭示的把握时机，认清形势，相机而动的思想的确是太伟大、太深刻了。

【原文】
《象》曰：天下有山，遯；君子以远小人，不恶而严。

【白话】
《象辞》说：《遯卦》的卦象是艮（山）下乾（天）上，为天下有山之表象，象征着隐让退避。因为山有多高，天就有多高，似乎山在逼天，而天在步步后退，但天无论怎样后退避让，却始终高踞在山之上。君子应同小人保持一定的距离，以傲然不可侵犯的态度截然划清彼此的界限，这样一来，就自然而然会生出一种震慑住小人的威严来。

初六，遯尾；厉。勿用有攸往。

【白话】

初六，隐退避让错过时机落在了后边，情况非常不好。面对这种情形，应该静观待变而不要有所行动，否则将会更加不利。

【原文】

《象》曰：遯尾之厉，不往何灾也？

【白话】

《象辞》说：错过隐退避让的时机却还要隐退就会带来祸患，但是静观不动就不会造成什么危害。

六二，执之用黄牛之革，莫之胜说。

【白话】

六二，像用黄牛的皮捆绑起来那样，谁也难以解脱。

【原文】

《象》曰：执用黄牛，固志也。

【白话】

《象辞》说："像用黄牛的皮捆绑起来那样"，意思是说，要坚定自己的志向，决不因任何情况而动摇。

九三，系遯，有疾厉；畜臣妾，吉。

【白话】

九三，由于被牵累而难以远去，就像疾病缠身那样危险。

处在这种情况下，就要畜养仆人和侍妾，要使他们被我所用，只有这样，才能转危为安。

【原文】

《象》曰："系遯之厉"，有疾惫也。"畜臣妾吉"，不可大事也。

【白话】

《象辞》说："由于被牵累而难以远去，会有危险,"，因为在这种想退而又不能退的情况下，就像疾病缠身那样使人疲惫不堪。"畜养仆人和侍妾就会吉祥"的意思是说，处在有所系累的情况下，是不可能有什么大作为的。

九四，好遯，君子吉，小人否。

【白话】

九四，可以从容隐退避让而无所系累。君子将因此而获得吉祥，小人却不会吉祥。

【原文】

《象》曰：君子好遯，小人否也。

【白话】

《象辞》说：君子能够做到该退就退，从容自如，而小人却做不到这一点。

九五，嘉遯，贞吉。

【白话】

九五，能够进退自如地隐退避让。能坚守正道，其结果是吉祥的。

【原文】

《象》曰:"嘉遯,贞吉",以正志也。

【白话】

《象辞》说:"能够自如地隐退避让,坚守正道将会获得吉祥",关键是要坚定自己的信念和志向。

上九,肥遯无不利。

【白话】

上九,既无牵累,又已远离,早已处在隐退避让中,就像是远走高飞一样,所以无论这时做什么,都不会有什么不利。

【原文】

《象》曰:"肥遯无不利",无所疑也。

【白话】

《象辞》说:之所以它能够"随心所欲地远走高飞而又无不利",就在于它所做的一切都是理所当然和自然而然的,没有什么疑虑和思索选择的。

大壮卦第三十四

☱ 乾（天）下震（雷）上

大壮：利贞。

【白话】
《大壮卦》象征十分强盛：坚守正道，将会非常有利。

【原文】
《彖》曰："大壮"，大者壮也；刚以动，故壮。"大壮，利贞"，大者正也。正大而天地之情可见矣。

【白话】
《彖辞》说："十分强盛"是指它不仅阳刚充沛，而且极为强盛，阳刚充沛而奋动，所以叫做强盛。《大壮》卦象征十分强盛，是指它不但阳刚强盛，而且能够坚守正道，始终如一。所以，最能体现出天地的性质和规律。

【原文】
《象》曰：雷在天上，大壮；君子以非礼弗履。

【白话】
《象辞》说：《大壮卦》的卦象是乾（天）下震（雷）上，为震雷响彻天上之表象，象征着十分强盛。君子应该严格要求自己，不要越出准则和规律去做非分之事。

初九，壮于趾，征凶；有孚。

【白话】

初九,阳刚强盛只在脚趾。这时如果有所行动,必然会招来灾祸。

【原文】

《象》曰:"壮于趾",其孚穷也。

【白话】

《象辞》说:爻辞中的"阳刚强盛只在脚趾"一句,说明只停留在这一状态下,是决不会有什么出路的。

九二,贞吉。

【白话】

九二,坚守正道而获得吉祥。

【原文】

《象》曰:九二"贞吉",以中也。

【白话】

《象辞》说:《大壮卦》的第二爻位(九二)之所以能够坚守正道而获得吉祥,是因为它位置居中,能够以柔相出的原因。

九三,小人用壮,君子用罔(wàng 往);贞厉,羝(dī 低)羊触藩,羸(léi 雷)其角。

【白话】

九三,小人恃强好胜,君子却恰恰相反。而且,即使逞强好胜者能够保持住阳刚强盛,其结果也决不会好。就像强壮的大羊去顶触篱笆,结果只会把角卡在篱笆中而难以摆脱。

【原文】

《象》曰：小人用壮，君子罔也。

【白话】

《象辞》说：小人恃强好胜，君子却不这样。

九四，贞吉，悔亡；藩决不羸，壮于大舆之輹。

【白话】

九四，坚守正道，必获吉祥，悔恨也会消失；因为阳刚十分强盛，既像篱笆已经崩溃，羊角从系累中解脱出来，又像坚固的车轮能负重载远那样。

【原文】

《象》曰："藩决不羸"，尚往也。

【白话】

《象辞》说："篱笆崩溃，羊角从系累中解脱出来"的内在含义是，鼓励君子要充分行动起来，积极向前进取。

六五，丧羊于易，无悔。

【白话】

六五，在田边地头丢失了羊，却并没有什么可遗憾的，不会有什么不利的情况发生。

【原文】

《象》曰："丧羊于易"，位不当也。

【白话】

《象辞》说："在田边地头丢失了羊"，是由于其位置不恰当。

上六，羝羊触藩，不能退，不能遂，无攸利；艰则吉。

【白话】

上六，强壮的羊因顶触篱笆而被挂住了角，既不能后退，又不能前进，怎样挣扎都没有好处。在这种情况下，要能够忍耐坚持，不被艰难困苦所压垮，就会安然渡过难关，获得吉祥。

【原文】

《象》曰："不能退，不能遂"，不详也；"艰则吉"，咎不长也。

【白话】

《象辞》说："既不能后退，又不能前进"，说明行动处事不够圆满周到，结果陷入了极为被动的局面。而"忍耐坚持，承受艰难困苦而不被压垮，就会吉祥"说明，只要能够坚持忍耐，就一定会渡过难关。

晋卦第三十五

☲ 坤（地）下离（火）上

晋：康侯用锡马蕃（fán 凡）庶（shù 竖），昼日三接。

【白话】

《晋卦》象征长进：就像才干出众的公侯得到了天子的赏识，不仅赐给他许多车马，而且在一天之内多次接见他。

【原文】

《彖》曰："晋"，进也，明出地上。顺而丽乎大明，柔进而上行，是以"康侯用锡马蕃庶，昼日三接"也。

【白话】

《彖辞》说："晋"是前进，就像曙光初现在大地时的样子。以在下者的坦然顺从，附和在上者的光明伟大，按照在下者的本分遵循在上者的意愿，从而步步前进上升。所以卦辞中才说："才干非凡的公侯被天子赏识，不仅赐给他许多车马，而且一天之内还多次接见他。"

【原文】

《象》曰：明出地上，晋；君子以自昭明德。

【白话】

《象辞》说：阳光从地面上升起，象征着前进和昌盛，也象征着发出自己的光和热。所以，君子应该充分显示自己的才华和美德，发挥出自己的作用。

初六,晋如摧如,贞吉;罔孚,裕无咎。

【白话】

初六,刚开始前进就遇到了障碍和阻拦,但是只要能够坚守正道,始终如一,就一定会吉祥如意。由于它还没有树立起自己的威望,所以能够不受约束地去处理问题,而不必担心会有什么过失。

【原文】

《象》曰:"晋如摧如",独行正也;"裕无咎",未受命。

【白话】

《象辞》说:"向前进遇到障碍阻拦时",要能够持之以恒,按照自己所遵循的原则继续不断地努力,才会得到吉祥如意的结果。"随意行动也不会有什么过失",是因为它还没有被赋予什么权力、责任和使命。

六二,晋如愁如,贞吉;受兹介福,于其王母。

【白话】

六二,前进时充满忧愁思虑,但是如果能坚守正道,始终如一,将会吉祥如意。而且会获得极大的恩惠和福泽,是高高在上的王母所赐给它的。

【原文】

《象》曰:"受兹介福",以中正也。

【白话】

《象辞》说:之所以能够"获得极大的恩惠和福泽",是因为它位置居中,行为符合身份和正道。

六三,众允,悔亡。

【白话】

六三,它的所作所为已经得到了众人的认可和赞同,努力进取,悔恨将会消失。

【原文】

《象》曰:"众允"之志,上行也。

【白话】

《象辞》说:"得到众人认可和赞同"的志向,是要努力向前奋斗。

九四,晋如鼫(shí 石)鼠,贞厉。

【白话】

九四,向上迈进像那既贪婪又怕人,而且没有什么专长的梧鼠一样,即使能够严守自己的本分,也免不了灾祸。

【原文】

《象》曰:"鼫鼠贞厉",位不当也。

【白话】

《象辞》说:之所以"像梧鼠那样,即使能够严守自己的本分,也免不了灾祸",是因为它所在的位置不对。

六五,悔亡,失得勿恤;往吉,无不利。

【白话】

六五,悔恨已经消失,也用不着考虑得失的问题。只要勇往直前,就会吉祥如意,所有的一切都变得是那样的顺利。

【原文】

《象》曰:"失得勿恤",往有庆也。

【白话】

《象辞》说:"用不着考虑得失",只要继续努力奋斗,就必然会有吉祥福庆的。

上九,晋其角,维用伐邑,厉吉,无咎;贞吝。

【白话】

上九,向前迈进似乎已经达到了顶点,就像到达兽角尖上一样,盛大的气象已不复存在了。只有像攻打城池那样,建立新的功勋,或许可以避免灾难转为吉祥;而且一旦这样做了,将不会产生过失。但即使如此,它以后的发展趋势也只能是越来越差。

【原文】

《象》曰:"维用伐邑",道未光也。

【白话】

《象辞》说:"只有像攻打城池那样",说明前进繁盛已经达到了顶点,再也难以发展光大了。

明夷卦第三十六

☷☲ 离（火）下坤（地）上

明夷：利艰贞。

【白话】

《明夷卦》象征光明受阻：在这种情况下，最好是在艰难困苦中坚守正道，保持自身的纯洁和善始善终的恒心。

【原文】

《彖》曰：明入地中，"明夷"；内文明而外柔顺，以蒙大难，文王以之。"利艰贞"，晦其明也。内难而能正其志，箕子以之。

【白话】

《彖辞》说：光明被笼罩在大地之下，象征着"光明受到了阻碍"。如果内含着巨大的才能、志向和美德，而在外又有忍让、克制和顺从，就能够因此而承受巨大的灾难，周文王就是这样做的。"在这种情况下，最好是面对艰难困苦，坚守正道，始终如一"是说，要掩盖起自己的才能美德，即虽然置身在黑暗和灾难中，仍然应该坚定信念，巩固志向，就像处在殷纣王黑暗时期的箕子所作的那样。

【原文】

《象》曰：明入地中，"明夷"；君子以莅众，用晦而明。

【白话】

《象辞》说：《明夷卦》的卦象是离（火）下坤（地）上，

离为火，代表光明，为光明入地下之表象，象征着"光明被阻"。君子要能够遵循这个道理去管理民众，即有意不表露自己的才能和智慧，反而能在不知不觉中使民众得到治理。

初九，明夷于飞，垂其翼；君子于行，三日不食。有攸往，主人有言。

【白话】
初九，在光明被阻的时候，要像鸟儿一样地迅速飞走，而且要低垂着翅膀以免被人察觉。君子若要退避隐藏，就是丢掉职位、没有饭吃也不在乎。但君子若在此时行动，必然要受到当政者的责备。

【原文】
《象》曰："君子于行"，义不食也。

【白话】
《象辞》说："君子隐藏退避"是由于坚持道义和原则而不愿再拿这份俸禄了。

六二，明夷，夷于左股，用拯马壮，吉。

【白话】
《明夷卦》的第二爻位（六二），处在这种光明被阻的情况下，就像伤了左大腿一样，如果能借用好马，增加自己的力量，将会是有利的。

【原文】
《象》曰：六二之吉，顺而则也。

【白话】
《象辞》说：六二爻之所以能够获得吉祥，是因为它柔顺而又坚持原则。

九三，明夷于南狩，得其大首；不可疾，贞。

【白话】

九三，君主在光明受阻的情况下，到南方去巡狩，将可以消灭罪恶的首领。但是应该注意不要操之过急，要能够坚守正道，持之以恒。

【原文】

《象》曰：南狩之志，乃大得也。

【白话】

《象辞》说：有到南方征伐巡狩的志向，就会有非常大的收获。

六四，入于左腹，获明夷之心，于出门庭。

【白话】

六四，进入左方腹部，能够深入了解光明被阻的内中情况，于是坚定地跨出门庭，离开这里。

【原文】

《象》曰："入于左腹"，获心意也。

【白话】

《象辞》说："进入左方腹部"，因此能够从内部深刻了解光明受阻的情形。

六五，箕子之明夷，利贞。

【白话】

六五，应采取箕子那种自掩其聪明才智的作法，这样做有利于坚守正道。

【原文】

《象》曰：箕子之贞，明不可息也。

【白话】

《象辞》说：箕子坚守正道，保持自我的行为说明，光明是不会熄灭的，只是暂时受阻碍罢了。

上六，不明晦；初登于天，后入于地。

【白话】

上六，不但没有光明，反而带来黑暗。刚开始时升起在天空，而后来却堕入地下。

【原文】

《象》曰："初登于天"，照四国也；"后入于地"，失则也。

【白话】

《象辞》说："刚开始时升起在天空"，是说它的光明能够普照四方各国；"而后来却堕入地下"，是说它已经因违背正道而丧失了应有的作用，由光明转入了黑暗。

家人卦第三十七

☴ 离(火)下巽(风)上

家人：利女贞。

【白话】

《家人卦》象征家庭：特别注重女人在家中的作用，如果她能够坚守正道，始终如一，将会非常有利。

【原文】

《彖》曰：家人，女正位乎内，男正位乎外；男女正，天地之大义也。家人有严君焉，父母之谓也。父父，子子，兄兄，弟弟，夫夫，妇妇，而家道正；正家而天下定矣。

【白话】

《彖辞》说：《家人卦》表明，对一个家庭来说，女人主持家内事务，男人主持家外事务。男女双方能够做到这一点，就符合了人世间的根本要求和原则。家庭中应该有严明持正的家长，这就是父母亲。对家庭中的每个人来说，父亲应该负起父亲的职责，儿子应该负起儿子的职责；兄长要像兄长的样子，弟弟要像弟弟的样子；丈夫要按照做丈夫的要求去做，妻子要按照做妻子的要求去做，如果能够这样，一个家庭就算走上了正道，并治理好了。家庭被治理好了，天下也就随之安定而有秩序了。

【原文】

《象》曰：风自火出，家人；君子以言有物而行有恒。

【白话】

《象辞》说：《家人卦》的卦象是离（火）下巽（风）上，为风从火出之表象，象征着外部的风来自于本身的火，就像家庭的影响和作用都产生于自己内部一样。君子应该特别注意自己的一言一行，说话要有根据和内容，行动要有准则和规矩，不能朝三暮四和半途而废。

初九，闲有家，悔亡。

【白话】

初九，治家应从一开始就打好基础，立下规矩，防患于未然。如果这样做了，就不会有什么过失了。

【原文】

《象》曰："闲有家"，志未变也。

【白话】

《象辞》说："治家应从一开始就打好基础，立下规矩，防患于未然"，意义就在于开一个好头十分重要。如果等到出现了问题再去想办法，效果就差得多了。

六二，无攸遂，在中馈（kuì愧），贞吉。

【白话】

六二，不要自作主张，追求功名，能够料理好家中的饮食起居就行了，结果一定是吉祥的。

【原文】

《象》曰：六二之吉，顺以巽也。

【白话】

《象辞》说：《家人卦》的第二爻位（六二）之所以能够吉

祥如意，是因为它位置居中，符合常规，而且温柔顺从的缘故。

九三，家人嗃（hè 鹤）嗃，悔厉，吉；妇子嘻嘻，终吝。

【白话】

九三，由于治家过分严厉，使得家里人承受不了而怨言丛生，这样做虽然有过失，会带来麻烦，但是从长远看，最终会得到吉祥的。可是如果不能从严治家，听凭妇人和孩子们随心所欲，最终的发展结果却决不会好。

【原文】

《象》曰："家人嗃嗃"，未失也；"妇子嘻嘻"，失家节也。

【白话】

《象辞》说："由于过分严厉使得家中人怨言丛生，但最终却可以得到吉祥"，是因为这样做是符合治家的原则的，虽然有过失，但不失根本。而听凭"妇人和孩子随心所欲，最终的发展结果却决不会好"，是因为这样做违背了治家的原则和规矩。

六四，富家，大吉。

【白话】

六四，能够使家中的财富赠加，就一定会非常吉祥如意。

【原文】

《象》曰："富家大吉"，顺在位也。

【白话】

《象辞》说："六四之所以能够使家中的财富增加，一定会非常吉祥如意"，是由于它柔顺的本性决定的。

九五，王假有家，勿恤，吉。

【白话】

九五,一家之主通过自己的行为感染带动家里的人,使他们各自都按照自己的本分和职责去做,是会吉祥如意的。

【原文】

《象》曰:"王假有家",交相爱也。

【白话】

《象辞》说:"一家之主通过自己的行为感染带动家里的人,是会吉祥如意的",关键是要能使全家人和睦相处,感情融洽,相亲相爱。

上九,有孚,威如,终吉。

【白话】

上九,治家的根本在于严格要求自己,如果自己能够诚实有信,树立起威信,结果一定会获得吉祥。

【原文】

《象》曰:威如之吉,反身之谓也。

【白话】

《象辞》说:之所以建立尊严和威信能够获得吉祥,是因为这种尊严和威信是通过严格要求自己得到的,而不是通过其他方式。

睽卦第三十八

☲ 兑（泽）下离（火）上

睽：小事吉。

【白话】
《睽卦》象征对立：小心谨慎地去行动做事，就能获得吉祥。

【原文】
《彖》曰：睽，火动而上，泽动而下；二女同居，其志不同行。说而丽乎明，柔进而上行，得中而应乎刚，是以小事吉。天地睽而其事同也，男女睽而其志通也，万物睽而其事类也：睽之时用大矣哉！

【白话】
《彖辞》说：从《睽卦》的卦象上看，离代表火，位置在上而又向上燃烧；兑代表泽，位置靠下而又向下渗透，所以自然而然地就说明了对立的情形。离和兑又分别代表长女和少女，因此整个情况就像两个女子虽然住在一起，但志向、情趣、行为却大不相同一样。如果以衷心的欢喜愉悦追随附和着光明，凭着柔顺的力量前进向上，且注意做事有分寸，不要太过，也不要不足，并顺应阳刚的发展趋势和要求，就会得到卦辞中所讲的"小心谨慎地去行动做事，就能获得吉祥"的结果。天和地性质不同，差别很大，但共同生育万物的事理却是一样的；男人和女人大不一样，但他们志向却是一样的；天下万物各有各的形态，但它们生生不息的情景却是一致的。由此看来，《睽卦》所展示的对立的道理和不要错过应用它的机会的意义就太大了。

【原文】

《象》曰：上火下泽，睽；君子以同而异。

【白话】

《象辞》说：《睽卦》的卦象是兑（泽）下离（火）上，为水火相遇之表象，象征对立。所以君子应该在求大同的前提下，保留小的差别和不同。

初九，悔亡；丧马，勿逐自复；见恶人，无咎。

【白话】

初九，悔恨消失；跑掉的马不要去撵它，它自己就会回来。接近同自己对立敌视的人，不会有什么祸患。

【原文】

《象》曰："见恶人"，以辟咎也。

【白话】

《象辞》说："接近同自己相对立敌视的人"，通过这种方法彼此沟通，以避免因更加对立而带来的危害。

九二，遇主于巷，无咎。

【白话】

九二，在小巷中碰到了居于高位者，虽然不合常规，但是却没有什么危险和灾难。

【原文】

《象》曰："遇主于巷"，未失道也。

【白话】

《象辞》说："在小巷中碰到了居高位者"，虽然这不合常规，但是却并不违背原则。

六三，见舆曳（yè 夜），其牛掣（chè 彻）；其人天且劓（yì 艺）。无初有终。

【白话】

六三，就像后边的车被拖住，前面的牛又被限制，处境极为困难；又像是受了除掉头发和割掉鼻子的刑罚；虽然开始时是这样的困难和难以相合，但最终还是可以达到自己的目的的。

【原文】

《象》曰："见舆曳"，位不当也；"无初有终"，遇刚也。

【白话】

《象辞》说："像车子被拖住"的情形是因为六三爻所处的位置不恰当。"开始时极为困难，但最终还是可以达到目的"的原因，在于能和阳刚相应合。

九四，睽孤；遇元夫，交孚，厉无咎。

【白话】

九四，到处都是对立，孤独无援，但正好遇到了一位充满阳刚的大丈夫，彼此信任，相互理解，虽有危险，但却能免去灾祸。

【原文】

《象》曰："交孚无咎"，志行也。

【白话】

《象辞》说："相互理解，虽有危险，但却能免去灾祸"，就在于他们有着共同的志向和行动。

六五，悔亡，厥宗噬肤，往何咎？

【白话】
六五，悔恨消失，像柔软的皮肤那样一咬就入，放开前进，能有什么危害呢？

【原文】
《象》曰："厥宗噬肤"，往有庆也。

【白话】
《象辞》说："像柔软的皮肤那样一咬就入"，表明前进必然会有值得庆贺的事情。

上九，睽孤，见豕（shǐ 史）负涂，载鬼一车，先张之弧（hú 狐），后说之弧；匪寇，婚媾；往遇雨则吉。

【白话】
上九，对立已达到了顶点，似乎看到一只沾满污泥的猪和装满了鬼的车子，于是就拉开了弓准备对付它，但是后来又放下了弓。因为冷静下来一看，发现并不是强盗，而是要和自己结婚的伴侣。所以这时如果能前往，就会像遇到阴阳相配形成润泽的雨一样，顺乎自然，合乎天意，将一定会获得吉祥。

【原文】
《象》曰："遇雨之吉"，群疑亡也。

【白话】
《象辞》说："像遇到阴阳相配形成润泽的雨一样，会获吉祥"，是说原来的种种怀疑都已经烟消云散，不复存在了。

蹇卦第三十九

☷ 艮（山）下坎（水）上

蹇：利西南，不利东北；利见大人，贞吉。

【白话】

《蹇卦》象征陷入困境，难以前进：面对这种情况，利于向西南行动，不利于向东北行动。此时利于出现大人物，只要能够坚守正道，始终如一，就一定可以获得吉祥。

【原文】

《彖》曰："蹇"，难也，险在前也；见险而能止，知矣哉！"蹇，利西南"，往得中也；"不利东北"，其道穷也。"利见大人"，往有功也；当位"贞吉"，以正邦也。蹇之时用大矣哉！

【白话】

《彖辞》说："蹇"象征在困境中，就像前进时遇到了艰难险阻。遇到危难而不轻举妄动，这才是明智的作法。"处在险境中，向西南前进有利"，只有这样行动，才比较适宜得当。"不利于向东北方向前进"，是因为那样做就会走向绝路。"利于出现大人物"是说，在这时如果能够积极行动，就会建功立业。另外，当国家处于危难时，人们只要负起责任，坚守正道，始终如一，就能拯救国家，摆脱困境。因此，《蹇卦》所揭示出的怎样把握和处理危难的方法和原则的确是太有价值了。

【原文】

《象》曰：山上有水，蹇；君子以反身修德。

【白话】

《象辞》说：《蹇卦》的卦象是艮（山）下坎（水）上，为高山上积水之表象，象征艰难险阻，行动困难。面对这种情况，君子应该很好地反省自己，提高自己的品德修养，以通过自身的努力渡过困境。

初六，往蹇，来誉。

【白话】

初六，前进将会进入险境，后退将得到赞美。

【原文】

《象》曰："往蹇来誉"，宜待也。

【白话】

《象辞》说："前进将会进入险境，后退将得到赞美"，处在这种情况下，最好是安心等待，寻找时机，不要轻举妄动。

六二，王臣蹇蹇，匪躬之故。

【白话】

六二，臣子为了解救君王的困境而努力奔走在危难之中。如果是为了自己，它是用不着这样做的。

【原文】

《象》曰："王臣蹇蹇"，终无尤也。

【白话】

《象辞》说："臣子为了解救君主的困境而努力奔走在危难之中"，那么结果将不会有什么过失。

九三，往蹇，来反。

【白话】

九三，前进将陷于危难，最好还是退回原地，不要再继续往前走了。

【原文】

《象》曰："往蹇来反"，内喜之也。

【白话】

《象辞》说："前进将陷于危难，最好还是回原地"，这样内部的力量必会来依附于己。

六四，往蹇，来连。

【白话】

六四，如果它要奔赴危难，就该联合其他的力量，只有这样，才有可能解救危难。

【原文】

《象》曰"往蹇来连"，位当实也。

【白话】

《象辞》说："前去解救危难，应该联合其他的力量"，是指这一爻所处的位置决定了它应该这样去做。

九五，大蹇，朋来。

【白话】

九五，处境极为艰难，却有众多的人来协助他渡过危难。

【原文】

《象》曰："大蹇朋来"，以中节也。

【白话】

《象辞》说："处境极为艰难，却有众多的人来协助他渡过危难"，表明它能够坚守正道，行为合乎准则，所以有众多的人前来协助它。

上六，往蹇，来硕；吉；利见大人。

【白话】

上六，如果前进就会陷入险境，退回来却可以大有收获；这样做就会吉祥如意；有利于出现大人物。

【原文】

《象》曰："往蹇来硕"，志在内也；"利见大人"，以从贵也。

【白话】

《象辞》说："如果前进就会陷入险境，退回来却可以大有收获"，是因为关键在于首先要联合自己内部的各种力量才能够共同渡过艰难时世。"利于出现大人物"，说明应当追随尊贵的君主去建功立业。

解卦第四十

☷ 坎（水）下震（雷）上

解：利西南；无所往，其来复吉；有攸往，夙（sù 速）吉。

【白话】

《解卦》象征着灾祸危难的舒解：利于往西南方行事。如果没有什么灾祸，只要严守自己的本分和职责，就一定会吉祥如意的。但是如果发生了祸患，就应该及时地想办加以解决，这样才能获得吉祥。

【原文】

《彖》曰：解，险以动，动而免乎险，解。"解，利西南"，往得众也；"其来复吉"，乃得中也；"有攸往，夙吉"，往有功也。天地解而雷雨作，雷雨作而百果草木皆甲坼（chè 彻），解之时大矣哉！

【白话】

《彖辞》说：《解卦》的下卦是坎，上卦是震，分别代表着险境和行动；身在险境而又能够有所行动，有所行动就会摆脱危难而走出险境，所以这一卦的含义就是灾难的消除和解说。"利于往西南方向行事"，是因为西南代表众人，如果解除了他们的祸患，就必然会得到他们的拥戴。"如果没有什么灾祸，要严守自己的本分和职责，就一定会吉祥如意的"，是因为只有这样做了，才符合事物发展的规律，否则就会因为行动的偏颇而违背常规。"如果发生了祸患，就应该及时地想办法加以解决，这样才能获得吉祥"说明，只要能够解脱灾难，就一定会建功立业的。这就像天地的对立差异一旦得到交融和解，就会形成震荡的春雷和润泽的甘霖一样；春雷震荡，甘霖润泽，就会使天下所有的果木花草突破种子的外壳而展露出勃勃生机。由此看来，解脱灾难祸患的意义实在是太大了！

【原文】

《象》曰：雷雨作，解；君子以赦过宥（yòu 又）罪。

【白话】

《象辞》说：《解卦》的卦象是坎（水）下震（雷）上，坎又代表雨；为春雷阵阵，春雨潇潇，万物舒展生长之表象，充分显示了解卦所蕴含的解除危难的含义。因此，君子也应该勇于赦免那些有过错的，饶恕那些有罪过的，使他们在宽松的环境下，得到解脱和新生。

初六，无咎。

【白话】

初六，处在危难才解的情形下，是没有什么过失和不当的。

【原文】

《象》曰：刚柔之际，义无咎也。

【白话】

《象辞》说：处在刚柔相济，相辅相成的地位，是不会有什么过失和不当的。

九二，田获三狐，得黄矢；贞吉。

【白话】

九二，打猎时捕获许多只狐狸，又得到了象征美德的黄色箭矢，保持这种品德并坚守自己的职责而持之以恒，那将会是非常吉祥的。

【原文】

《象》曰：九二贞吉，得中道也。

【白话】

《象辞》说：《解卦》的第二爻位（九二）之所以能获得吉祥，是因为它能够遵循中正之首，符合事物发展的规律。

六三，负且乘，致寇至；贞吝。

【白话】

六三，肩扛着沉重的东西，却又坐在华丽的大车上，由于地位和身份不相称，必然招来强盗。因而，即使它能够坚守本分，其结果也决不会好的。

【原文】

《象》曰："负且乘"，亦可丑也；自我致戎，又谁咎也？

【白话】

《象辞》说："肩扛着沉重的东西，却又坐在华丽的大车上"，这样的行为简直是太丑陋了，必然会带来灾祸。由于自己的原因而招致战祸，这又能去责怪谁呢？只能是自作自受罢了。

九四，解而拇，朋至期孚。

【白话】

九四，如果能像伸展自己的拇指那样摆脱小人对自己的纠缠，志同道合的人就会真心信任，坦诚相助。

【原文】

《象》曰："解而拇"，未当位也。

【白话】

《象辞》说:"像伸展自己的拇指那样去摆脱小人的纠缠",是因为其所处位置不正的缘故。

六五,君子维有解,吉,有孚于小人。

【白话】

六五,君子只有消除解脱了危难祸患,才会有吉祥如意;同时,也只有这样,才有可能去赢得小人的信服。

【原文】

《象》曰:君子有解,小人退也。

【白话】

《象辞》说:君子如果能够消除解脱危难祸患,小人就自然会畏惧退避的。

上六,公用射隼(sǔn笋)于高墉(yōng拥)之上,获之,无不利。

【白话】

上六,卓越的王公,用箭去射那盘踞在高城上的恶鸟,一箭射中,没有什么不利的。

【原文】

《象》曰:"公用射隼",以解悖也。

【白话】

《象辞》说:"像王公用箭射杀恶鸟"那样,君主应如此去解除因悖逆所造成的危难。

损卦第四十一

䷨ 兑（泽）下艮（山）上

损：有孚，元吉，无咎，可贞，利有攸往。曷（hé 何）之用？二簋可用享。

【白话】

《损卦》象征减损：内心有诚意，最为吉祥，不会招来祸患，可以坚守正道，利于前去行事。用什么祭祀神灵呢？两簋（古代盛食物的器具，圆口，有两个耳子）粗淡的食物就足够了。

【原文】

《彖》曰："损"，损下益上，其道上行。损而有孚，元吉、无咎、可贞、利有攸往。曷之用？"二簋可用享"。二簋应有时，损刚益柔有时；损益盈虚，与时偕行。

【白话】

《彖辞》说：所谓的"减损"，就是减损卑下一方来使高贵一方受益，呈现出自下而上的运行方式。这种减损卑下一方的行为必须诚心诚意地进行，取得众人的信任，才可能带来最大的吉祥，不会遭到灾难，可以坚守正道，前去行事才会顺利。用什么祭祀神灵呢？"两簋粗淡的食物就足够了"。应注意，这种用两簋粗食祭享神灵的做法，一定要按照时机进行，减损阳刚去使阴柔一方受益也要适逢其时恰如其分地进行，总之一句话，减损和增益，充实和空虚，都应该顺应天时的变化规律进行。

【原文】

《象》曰:"山下有泽,损;君子以惩忿窒欲。"

【白话】

《象辞》说:《损卦》的卦象是兑(泽)下艮(山)上,为山下有湖泽之表象,湖泽渐深而高山愈来愈高,象征着减损;按照这一现象中包含的哲理来做人,君子就应该抑制狂怒暴躁的脾性,杜绝世俗的欲望,也就是摒弃格调不高的低级趣味,不断培养高尚的品德。

初九,已事遄(chuán 船)往,无咎;酌损之。

【白话】

初九,停下正在做的事情赶快前去助人,就不会有灾难临头,损己助人时一定要再三斟酌把握分寸。

【原文】

《象》曰:"已事遄往",尚合志也。

【白话】

《象辞》说:"停下正在做的事情赶快前去助人",处在尊位的柔弱之辈正需要帮助,地位卑下的阳刚之士首当其冲,义不容辞,立刻牺牲自己的事业而成人之美,表现出与尊贵者心心相印的关系。

九二,利贞,征凶;弗损益之。

【白话】

九二,利于坚守正道,主动出击会有凶险;几乎用不着自我减损就可以使尊贵者受益。

【原文】

《象》曰：九二利贞，中以为志也。

【白话】

《象辞》说：《损卦》的第二爻位（九二）之所以利于坚守正道，是因为处在不高不下的适中位置上，本身地位又不很稳固，不宜于积极行动。只有持不偏激也不过于保守的中庸态度，作为始终不变的志向，才能够使他人受益。

六三，三人行，则损一人；一人行，则得其友。

【白话】

六三，三个人一同前进，由于互相掣肘会使一个人受到伤害；一个人独自行动，就会专心一意地寻求伙伴，最终必定能遇到志同道合的朋友。

【原文】

《象》曰：一人行，三则疑也。

【白话】

《象辞》说：一个人前去无牵无挂，目的明确，可以顺利地得到接应，取得成功。三个人一齐前去，则会相互猜疑而达不到预期的目的。说明损下益上不能不分情况地一窝蜂上，而要审时度势，讲求实效。

六四，损其疾，使遄有喜，无咎。

【白话】

六四，尽量减损克服自身的弱点，准备迎接马上到来的喜庆，不会有任何灾祸。

【原文】

《象》曰："损其疾"，亦可喜也。

【白话】

《象辞》说："尽量减损克服自身的弱点"，意思是说，本身很柔弱，又处在比较尊贵的地位上，不可能通过自我减损来使他人受益。只有尽量减损克服自身的弱点，等待接受别人助益。但无论哪种减损，哪怕是这种减损克服自身弱点的举动，也是十分可喜的事情。

六五，或益之十朋之龟，弗克违，无吉。

【白话】

六五，有人送来价值十朋（古时候货币单位，双贝为一朋）的大宝龟，想推辞都不行，大吉大利。

【原文】

《象》曰：六五元吉，自上佑也。

【白话】

《象辞》说：《损卦》的第五爻位（六五）之所以获得大吉大利，完全是上天保佑的结果。因为六五爻本身阴柔，居于尊位，仍想着自我减损而使他人受益。这样不但得到大众的广泛助益，也博得了上天的好感。

上九，弗损益之；无咎，贞吉，有攸往，得臣无家。

【白话】

上九，用不着自我减损就可以使他人受益；没有一点灾患，占卜的结果十分吉利，前去行事，定能获得天下万民归心。

【原文】

《象》曰："弗损益之"，大得志也。

【白话】

《象辞》说："用不着自我减损就可以使他人受益"，是因为处在损卦最高位置，损极必反，本身所获取的大量的助益，使得能够不用自我减损就可以有益他人，这当然是损卦损己益人的最高境界，因而使得损己益人的心意得到极大的满足。

益卦第四十二

☴ 震（雷）下巽（风）上

益：利有攸往，利涉大川。

【白话】
《益卦》象征增益：利于前去行事，利于渡大河越巨流。

【原文】
《彖》曰："益"，损上益下，民说无疆；自上下下，其道大光。"利有攸往"，中正有庆；"利涉大川"，木道乃行。益动而巽，日进无疆；天施地生，其益无方。凡益之道，与时偕行。

【白话】
《彖辞》说："增益"的含义，就是通过减损上层高贵一方，来使下层卑贱一方受益，广大民众得到实惠，内心的欢喜无法形容。恩惠自上而下广泛施向民间，这种体恤下情的精神必定会大放光芒。"利于前去行事"，是因为保持中庸之道，采取了不偏不倚的公正态度，所以前去行事必定会带来喜庆吉祥："利于渡大河越巨流"，就是说借助于舟楫和桥梁的便利，前进的道路将会畅通无阻。增益过程由雷霆般的主动进取与微风般的温和谦让组成，一天比一天发展而没有个尽头；就好比上天降下雨露，大地承受而滋生万物一样，这种增益活动不受地域限制，遍及四面八方。总的来看，减损高贵一方而使卑下者受益的关键所在，就是要掌握时机酌情进行。

【原文】

《象》曰：风雷，益；君子以见善则迁，有过则改。

【白话】

《象辞》说：《益卦》的卦象是震《雷》下巽（风）上，为狂风和惊雷互相激荡，相得益彰之表象，象征"增益"的意思；从中得到的启示就是：君子应当看到良好的行为就马上向它看齐，有了过错就马上改正，不断增强自身的美好品德。

初九，利用为大作，元吉，无咎。

【白话】

初九，利于大显身手干一番事业，如果能获得大吉大利，就不会遭到责难。

【原文】

《象》曰："元吉无咎"，不厚事也。

【白话】

《象辞》说："如果能获得大吉大利，就不会遭到责难"，表明在大显身手干事业的时候，一定要谨慎小心，尽量不要过分铺张奢侈，不能好大喜功而使民众过分辛劳，只有这样才能获大吉而免遭责难。

六二，或益之十朋之龟，弗克违，永贞吉；王用享于帝，吉。

【白话】

六二，有人送来价值昂贵的大乌龟，没有办法辞让。遇到这种情况，在任何时候占卜其结果永远是吉祥如意的；君王如果在此时祭祀天神，祈求降福保佑，也会如愿以偿获得吉利。

【原文】

《象》曰:"或益之",自外来也。

【白话】

《象辞》说:"有人送来(价值昂贵的大乌龟)",这样的大好事并不是由于贪婪而主动索取的结果,完全是他人心甘情愿送上门来的意外收获。

六三,益之用凶事,无咎;有孚中行,告公用圭。

【白话】

六三,将所得到的好处用来帮助他人解除危难和灾祸,这样才不会引起麻烦;要满怀诚意地按照中庸之道行事,进见王公贵人时一定要手执象征虔诚守信的圭玉。

【原文】

《象》曰:益用凶事,固有之也。

【白话】

《象辞》说:将得到的好处用来解救他人的危难之事,是保全自身的最好办法。因为身处显赫地位,得到许多好处,同时也埋下了祸根,只有把这些好处用来助人,才能得人心,免除灾祸,从而可以牢固地保持所得到的好处。

六四,中行告公从,利用为依迁国。

【白话】

六四,采取温和宽厚的中庸态度行事,有事求告于王公的话,王公会很乐意地答应,此时最有利于借重王公的威望来决定迁徙国都这样的大事。

【原文】

《象》曰:"告公从",以益志也。

【白话】

《象辞》说:"有事求告于王公的话,王公会很乐意地答应",并不是由于别的原因,完全是甘愿自我减损而使天下大众受益的志向感动了王公贵人。

九五,有孚惠心,勿问元吉:有孚惠我德。

【白话】

九五,满腹虔诚地怀着一颗使天下人受惠的仁慈之心,不用占卦问卜就知道是大吉大利:将心比心天下人必然也都虔诚地怀着施惠于我、感我恩德的心愿。

【原文】

《象》曰:"有孚惠心",勿问之矣;惠我德,大得志也。

【白话】

《象辞》说:"满腹虔诚地怀着一颗使天下人受惠的仁慈之心",作为至高无上的君长,能够做到这样确实难能可贵,根本用不着占卦问卜,吉祥如意将永远伴随着他;天下人都虔诚地感激我的大恩大德,这种万民归心的盛况,使我自行减损造福大众的心志得到了极大的满足。

上九,莫益之,或击之;立心勿恒,凶。

【白话】

上九,没有谁来让他受益,倒是有人来攻击他;内心拿定了主意却不能持之以恒,必然会有凶险临头。

【原文】

《象》曰:"莫益之",偏辞也;"或击之",自外来也。

【白话】

《象辞》说:"没有谁来让他受益",是因为背离了益卦损己益人的宗旨,由损上益下变为损下益上,必然遭到世人的唾弃,他要求受益的呼声就只能是一厢情愿之辞;"倒是有人来攻击他",因为他凌驾于君王之上,位置不当,而且贪图受益,搞得天怒人怨,遭到外来的攻击也就毫不奇怪。

夬卦第四十三

☰ 乾（天）下兑（泽）上

夬：扬于王庭，孚号有厉；告自邑，不利即戎；利有攸往。

【白话】

《夬卦》象征果决：在君王的宫廷之上当面宣扬小人的罪过，诚心实意地大声疾呼，告诫人们危险依然存在；告诉国人，不利于动用武力；利于马上前去有理有节地解决问题。

【原文】

《彖》曰："夬"，决也，刚决柔也；健而说，决而和。"扬于王庭"，柔乘五刚也；"孚号有厉"，其危乃光也；"告自邑，不利即戎"，所尚乃穷也；"利有攸往"，刚长乃终也。

【白话】

《彖辞》说："夬"卦的含义，就是决断或裁决，具体说来就是君子裁决小人；裁决是坚决果敢的，这种裁决自始至终在平和的气氛中进行，而且裁决的结果最终达到上下和乐。"在君王的宫廷之上当面宣扬小人的罪过"，主要是因为小人凌驾在君子之上，尤其是凌驾于至高无上的君王上面，更是罪不容赦；"诚心实意地大声疾呼，告诫人们危险依然存在"，目的在于消除人们的麻痹大意思想，使潜在的危险暴露在光天化日之下；"告诉国人，不利于动用武力"，这是提醒人们，如果以兵戎相见，就会破坏安定和平的局面，使本来坚决果敢的裁决面临困穷和危险。"利于马上前去有理有节地解决问题"，不管阴柔小人如何得势，但邪不压正，最终必定会以阳刚君子的胜利而告结束。

【原文】

《象》曰：泽上于天，夬；君子以旋禄及下，居德则忌。

【白话】

《象辞》说：《夬卦》的卦象是乾（天）下兑（泽）上，为湖水蒸发上天，即将化为雨倾注而下之表象，以此象征决断。君子从中得一启迪：应该自觉地向下层民众广施恩德，否则如果高高在上，不施恩德，就会遭到嫉恨。

初九，壮于前趾，往不胜为咎。

【白话】

初九，前面的脚趾粗壮，若急匆匆前去，不能完成制裁小人的使命，还会遇到灾祸。

【原文】

《象》曰：不胜而往，咎也。

【白话】

《象辞》说：初九爻地位最低下，本应该积蓄力量等待时机，却轻率急躁地前往，孤军深入只能遭到失败。不仅完不成制裁小人的使命，还会给自身带来灾祸。

九二，惕号，莫夜有戎，勿恤。

【白话】

九二，忽然听到惊叫声，深夜里小人来犯，用不着担忧。

【原文】

《象》曰："有戎勿恤"，得中道也。

【白话】

《象辞》说:"深夜小人来犯,用不着担忧",这是因为九二爻处在下卦的中位,能够信守中庸之道,尽管遭到小人的骚扰,终究是有惊无险,可以化险为夷。

九三,壮于頄(qiú 求),有凶;君子夬夬独行,遇雨若濡,有愠,无咎。

【白话】

九三,颧骨高突怒容满面,去与小人较量必然有凶险;若是以君子气度毅然决然地前去,即使遇上大雨浑身湿透而心怀恼怒,却不会有任何灾祸。

【原文】

《象》曰:"君子夬夬",终无咎也。

【白话】

《象辞》说:"若是以君子气度毅然决然地前去",不露声色地与小人周旋,就能够避免打草惊蛇引起不测,又可斩断感情纠葛,避免优柔寡断,因而不会遇到灾祸。

九四,臀无肤,其行次且(zī jū 资居);牵羊悔亡,闻言不信。

【白话】

九四,屁股上蹭破了皮,前去制裁小人的行程必然步履维艰;若是紧紧牵着羊(象征阳刚)行走,就不会出现令人后悔的事,无奈听了这话的人并不相信。

【原文】

《象》曰:"其行次且",位不当也;"闻言不信",聪不明也。

203

【白话】

《象辞》说:"前去制裁小人的行程必然步履维艰",是因为所处位置失当,处处受到君王的掣肘,好像屁股蹲破了皮,走起路来十分艰难。"无奈听了这话的人并不相信",说明处境艰难,别人建议他借重强有力的阳刚君子的帮助,他却听不进去,听觉正常而决断不明。

九五,苋(xiàn 现)陆夬夬,中行无咎。

【白话】

九五,毅然决然地做出决断,一举惩处小人就像铲除苋陆草一样,只要注意时时信守中庸之道就不会遇到灾祸。

【原文】

《象》曰:"中行无咎",中未光也。

【白话】

《象辞》说:"只要注意时时信守中庸之道就不会遇到灾祸",表明尽管处在尊贵地位,要解决小人为乱易如反掌,却也不能做得太过分,要恰到好处才能避免灾祸。这也说明坚守正道的举动并未大放光彩,仅仅起到免除祸殃的作用而已。

上六,无号,终有凶。

【白话】

上六,号啕大哭也没有用,最终必然有凶险临头。

【原文】

《象》曰:"无号之凶",终不可长也。

【白话】

《象辞》说:"号啕大哭也没有用,最终必然有凶险临头",

表明上六以阴柔小人凌驾于阳刚君子特别是君王之上，是众矢之的，其倒行逆施的状况不会持续很长时间，最终难以逃脱被制裁的命运。

姤卦第四十四

☰ 巽（风）下乾（天）上

姤：女壮，勿用取女。

【白话】
《姤卦》象征相遇：女子过分强壮，不适合娶来做妻子。

【原文】
《彖》曰：姤，遇也，柔遇刚也。"勿用取女"，不可与长也。天地相遇，品物咸章也；刚遇中正，天下大行也。姤之时义大矣哉！

【白话】
《彖辞》说：姤，就是相遇，即是说阴柔与阳刚相遇。"不适合娶来做妻子"，是因为女子过分强壮，遇到的男子当不止一个，娶来做妻子必定不会白头偕老。天与地相遇却是另一种情形，天下万物受天庇护，受地滋养，蓬蓬勃勃，生意盎然；充满阳刚气的强者，如果遇到处于中位而又坚守正道的情况，就会走遍天下畅道无阻。以上种种相遇的情况表明，《姤卦》的现实意义真是太宏大了！

【原文】
《象》曰：天下有风，姤；后以施命诰四方。

【白话】
《象辞》说：《姤卦》的卦象是巽（风）下乾（天）上，为天底下刮着风，风吹遍天地间各个角落，与万物相依之表象，象征着"相遇"；正如风吹拂大地的情形一样，君王也应该颁布政令通告四面八方。

初六，系于金柅（nǐ 你），贞吉；有攸往，见凶，羸豕孚蹢躅（dí zhú 敌烛）。

【白话】

初六，绑上坚固结实的车闸，占卜结果会很吉祥；前去行事，会遇到凶险，瘦弱的猪因烦躁而团团乱转。

【原文】

《象》曰："系于金柅"，柔道牵也。

【白话】

《象辞》说："绑上坚固结实的车闸"，紧急关头就可以使车轮与车闸"相遇"，而使狂奔的车子刹住。引申为遇到强硬的对手，不要去硬碰，应该用柔韧的手段牵制对手，达到以柔克刚的效果。

九二，包有鱼，无咎；不利宾。

【白话】

九二，厨房里发现鱼，不会有灾祸；但不利于拿来宴请宾客。

【原文】

《象》曰："包有鱼"，义不及宾也。

【白话】

《象辞》说："厨房里发现鱼"，还不会出现灾祸，但不宜用鱼来宴宾，因为不义之财不可取。

九三，臀无肤，其行次且；厉，无大咎。

【白话】
九三，屁股上蹭破了皮，走起路来很困难；会遇到危险，但不会有大的灾祸。

【原文】
《象》曰："其行次且"，行未牵也。

【白话】
《象辞》说："走起路来很困难"，表明在路上会遇到艰险，但尽管艰难，却并未完全受到牵制，还可以继续前进。

九四，包无鱼，起凶。

【白话】
九四，厨房里没有鱼，会发生凶险。

【原文】
《象》曰：无鱼之凶，远民也。

【白话】
《象辞》说：厨房里没有鱼而引起凶险，就好像君主失去民众百姓的支持，因为脱离民众，当然会发生凶险。

九五，以杞（qǐ起）包瓜，含章，有陨（yǔn允）自天。

【白话】
九五，用杞树枝叶包住甜瓜；好比内心怀着美好的品德，不必奔忙，称心的机遇就会自天而降。

【原文】

《象》曰：九五含章，中正也；有陨自天，志不舍命也。

【白话】

《象辞》说：《姤卦》的第五爻位（九五）内心怀着美好的品德，表明尽管处在最尊贵的地位，却能够坚定中道，心地纯正。这样一来，其相遇的情形也是最完美的，用不着上下奔忙，就能与上天恩赐的福佑相遇。充分说明只要不违天命，就能有好的遇合。

上九，姤其角；吝，无咎。

【白话】

上九，头上长角，处境艰难，不过也不会有大的灾祸。

【原文】

《象》曰："姤其角"，上穷吝也。

【白话】

《象辞》说："头上长角"孤芳自赏，根本不会有志同道合的伙伴与之相遇，而失去大众的支持，等待着的只有困穷不通的命运。

萃卦第四十五

䷬ 坤（地）下兑（泽）上

萃：亨；王假（gé 格）有庙，利见大人，亨利贞，用大牲吉，利有攸往。

【白话】

《萃卦》象征聚合：亨通；君王到宗庙里祭祀，祈求神灵保佑，利于出现德高望重的大人物，亨通无阻而且有利于树立纯正的道德风尚；用牛羊等大的祭品献祭能够带来吉祥如意，利于前去行事。

【原文】

《彖》曰："萃"，聚也；顺以说，刚中而应，故聚也。"王假有庙"，致孝享也；"利见大人亨"，聚以正也；"用大牲吉，利有攸往"，顺天命也。观其所聚，而天地万物之情可见矣！

【白话】

《彖辞》说："荟萃"，就是聚合的意思；万事顺遂带来了无限喜悦，就连刚愎自用的尊贵者，也表现出温和适中的姿态来迎合大众，因此呈现出上下和睦、万物会聚、济济一堂的盛况。"君王到宗庙里祭祀神灵，祈求神灵保佑"，主要是向神灵奉献祭品，表达孝敬的心意："利于出现德高望重的大人物，亨通无阻"，意思是说大人物的出现，聚合在一起的事物都被引导上正道，志同道合，集思广益，干起事来自然会亨通而没有阻碍。""用牛羊等大的祭品献祭能够带来吉祥如意，利于前去行事",这是因为丰厚的祭品感动了天神,前去行事正好顺应天命,因而十分有利。观察这种万物聚合的现象,就可发现天地间万物发展的自然规律。

【原文】

《象》曰:泽上于地,萃;君子以除戎器,戒不虞。

【白话】

《象辞》说:《萃卦》的卦象是:坤(地)下兑(泽)上,为地上有湖,四面八方的细流都源源不断汇入湖中之表象,象征着聚合;在这种众流会聚的时候,必然会出现鱼龙混杂、泥沙俱下的情况,因此君子应当修缮甲仗兵器,以防发生意想不到的变故。

初六,有孚不终,乃乱乃萃;若号,一握为笑;勿恤,往无咎。

【白话】

初六,如果对神灵的一片诚心不能始终如一,各种乱子就会发生而凑到一起;众人喧哗呼号,只要彼此握手交流感情,就能化众怒为欢笑;用不着忧虑,前去行事不会遇到灾祸。

【原文】

《象》曰:"乃乱乃萃",其志乱也。

【白话】

《象辞》说:"各种乱子就会发生而凑到一起",不是由于别的原因,主要是因为内心的虔诚不能始终如一,陷于迷惑混乱所致。

六二,引吉,无咎;孚乃利用禴(yuè 跃)。

【白话】

六二，引退谦让会带来吉祥，没有害处；只要内心怀着虔诚，即使举行微薄的禴祭（即春祭，古代四季祭祀之一）也能带来吉祥。

【原文】

《象》曰："引吉无咎"，中未变也。

【白话】

《象辞》说："引退谦让会带来吉祥，没有灾难"，这是因为该爻位置居中而适当，当会聚的时候，它既不偏激也不过于保守，虔诚地遵循中庸之道始终不曾改变，因而能够谦让而逢凶化吉。

六三，萃如嗟如，无攸利；往无咎，小吝。

【白话】

六三，聚合的希望在叹息声中破灭，干什么都不会顺利；前去行事不会遇到灾祸，只有一点小小麻烦。

【原文】

《象》曰："往无咎"，上巽也。

【白话】

《象辞》说："前去行事不会遇到灾祸"，这是因为遇到居于上位的阳刚气十足者。但居于下方的阴柔一方总能表现出谦逊顺从，从而免去了可能出现的灾祸。

九四，大吉，无咎。

【白话】

九四，只有在大吉大利的情况下，才能够没有灾祸。

【原文】

《象》曰："大吉无咎"，位不当也。

【白话】

《象辞》说："只有在大吉大利的情况下，才能够没有灾害"，这是因为所处位置不适当，随时有可能受到伤害，只有在大吉大利的时候才可以避免受害。

九五，萃有位，无咎，匪孚；元永贞，悔亡。

【白话】

九五，当万方聚合之时居于尊贵的高位，不会遇到灾难，但也并没有取得大众的心悦诚服；德高望重的君长如果能坚定不移地主持正义，倡导纯正的风尚，就可以避免因做错事而引起的后悔。

【原文】

《象》曰："萃有位"，志未光也。

【白话】

《象辞》说："万方聚合之时居于尊贵的高位"，并不能表明大会天下，四海归心的志向得到了发扬光大，还需要修持德行，树立威望，使大众心悦诚服。

上六，齎（qí 齐）咨涕洟，无咎。

【白话】

上六，唉声叹气而又哭哭啼啼，不会遇到灾祸。

【原文】

《象》曰："齎咨涕洟"，未安上也。

【白话】

《象辞》说:"唉声叹气而又哭哭啼啼",是因为虽然身在外,但无一日不惦念处于京中的君主。

升卦第四十六

☷ 巽（风）下坤（地）上

升：元亨，用见大人，勿恤，南征吉。

【白话】

《升卦》象征上升：亨通，宜于出现权高位尊的大人物，用不着忧虑，向南方出征会带来吉祥。

【原文】

《彖》曰：柔以时升，巽而顺，刚中而应，是以大亨。"用见大人，勿恤"，有庆也；"南征吉"，志行也。

【白话】

《彖辞》说：适逢其时地表现出温柔气质便可以稳步上升，谦逊而且温顺，又有阳刚作为中坚处处照应，因此十分亨通吉祥。"宜于出现权高位尊的大人物，用不着忧虑"，是因为上升过程中有大人物的关照，必定会一帆风顺，常有喜庆临门；"向南方出征会带来吉祥"，比喻前途光明，上升的抱负可以得到充分施展。

【原文】

《象》曰：地中生木，升；君子以顺德，积小以高大。

【白话】

《象辞》说：《升卦》的卦象是巽（风）下坤（地）上，而巽又象征高大树木，这样就成为地里边生长树木之表象。树木由矮小到高大，象征上升；与此相应，君子通过顺应自然规律来培养自己的品德，积累微小的进步来塑造高大完美的人格。

初六，允升，大吉。

【白话】

初六，宜于上升，大吉大利。

【原文】

《象》曰："允升大吉"，上合志也。

【白话】

《象辞》说："宜于上升而大吉大利"，是因为阴柔处在最卑下的地位，位于其上的阳刚者同情其处境，希望其尽快上升，所以其上升正合乎上面的意思。

九二，孚乃利用禴，无咎。

【白话】

九二，内心恭敬虔诚，即使微薄的禴祭也可以感动神灵，免除灾祸。

【原文】

《象》曰：九二之孚，有喜也。

【白话】

《象辞》说：《升卦》的第二爻位（九二）内心虔诚仁厚，一心成人之美，深得众人信服，必定会给自身带来喜庆。

九三，升虚邑。

【白话】

九三，上升到空旷的城邑，如入无人之境。

【原文】

《象》曰:"升虚邑",无所疑也。

【白话】

《象辞》说:"上升到空旷的城邑",这是因为没有任何阻碍,上升得十分顺利,不要有半点迟疑。

六四,王用享于岐山,吉,无咎。

【白话】

六四,君王到岐山祭祀神灵,吉祥如意,没有灾祸。

【原文】

《象》曰:"王用亨于岐山",顺事也。

【白话】

《象辞》说:"君王到岐山祭祀神灵",就是向神灵表示恭顺,诚惶诚恐地供奉神灵,结果必然会带来吉祥如意。

六五,贞吉,升阶。

【白话】

六五,占卜结果吉祥如意,乘势沿着台阶稳步上升。

【原文】

《象》曰:"贞吉升阶",大得志也。

【白话】

《象辞》说:"占卜结果吉祥如意,乘势沿着台阶稳步上长",表明上升已达到鼎盛时期,接近光辉的顶点,真可说得上是春风得意,踌躇满志。同时也表明阴柔居于尊位,必须稳健行事,循序渐进,不可像"升虚邑"那样冒进。

上六,冥升,利于不息之贞。

【白话】

上六,在昏暗幽冥状态下依然上升,只有坚持不懈地保持纯正品性,才能获得好的结果。

【原文】

《象》曰:冥升在上,消不富也。

【白话】

《象辞》说:昏暗幽冥状态下仍然上升,本身又已处在《升卦》的最高位置,按照盛极而衰的道理,上升的势头必然会逐渐消退,再不会如原来那样富有进取精神了。

困卦第四十七

☱ 坎（水）下兑（泽）上

困：亨；贞，大人吉，无咎；有言不信。

【白话】

《困卦》象征困顿：亨通；占卜结果表明，神通广大的大人物可以获得吉祥，没有灾祸；此时许下的诺言很难令人相信。

【原文】

《彖》曰：困，刚揜（yǎn 掩）也。险以说。困而不失其所亨，其唯君子乎！"贞，大人吉"，以刚中也；"有言不信"，尚口乃穷也。

【白话】

《彖辞》说：困顿，就是因为阳刚之气被掩蔽而难以施展的缘故。下临水潦的危险而能充满喜悦，身处困顿的境地而不丧失争取亨通的信心，恐怕只有君子才能做到这样吧！"占卜结果表明，神通广大的大人物可以获得吉祥"，是因为强悍的阳刚之气居于中坚地位，象征大人物意志坚强、奉行中庸之道，必然迎来吉祥；"此时许下的诺言很难令人相信"，换句话说，此时如果一味喜好摇唇弄舌、夸夸其谈，只能陷入更大的困顿。

【原文】

《象》曰：泽无水，困；君子以致命遂志。

【白话】

《象辞》说：《困卦》的卦象是坎（水）下兑（泽）上，为泽中无水之表象，象征困顿；作为君子应该身处穷困而不气馁，为实现自己的志向，不惜牺牲生命。

初六，臀困于株木，入于幽谷，三岁不觌（dí 敌）。

【白话】

初六，屁股卡在木桩上坐不安，退隐到幽深的山谷里，三年不与外人相见。

【原文】

《象》曰："入于幽谷"，幽不明也。

【白话】

《象辞》说："退隐到幽深的山谷里"，就是进入荒僻阴暗不见天日的地方，比喻处境极其困难，看不到一线希望。

九二，困于酒食，朱绂（fú 服）方来，利用享祀；征凶，无咎。

【白话】

九二，为醇酒美食所困扰而穷于应付，高官厚禄就将来到，应当用丰美的酒食祭祀神灵；出兵征战即使遇到凶险，也不会受到伤害。

【原文】

《象》曰："困于酒食"，中有庆也。

【白话】

《象辞》说："为醇酒美食所困扰而穷于应付"，并不是很可怕的事，只要内心坚持中道，纯正而有主见，就会有喜庆之事到来。

六三，困于石，据于蒺藜；入于其宫，不见其妻，凶。

【白话】

六三，困在石头下面，站在蒺藜之上；刚刚回到家中，又不见了自家妻室，凶险接二连三来到身边。

【原文】

《象》曰："据于蒺藜"，乘刚也；"入于其宫，不见其妻"，不祥也。

【白话】

《象辞》说："站在蒺藜之上"，就是说阴柔凌驾在阳刚之上，情形就像是站在刺人的蒺藜上面，十分困窘。"刚刚回到家中，又不见了自家妻室"，说明祸不单行，已经饱受各种困扰，家门又惨遭不幸，实在是不吉祥的兆头。

九四，来徐徐，困于金车，吝，有终。

【白话】

九四，慢腾腾姗姗来迟，原来是被一辆豪华金车所困而不能脱身，会遇到一些困难，但最终会有好的结局。

【原文】

《象》曰："来徐徐"，志在下也，虽不当位，有与也。

【白话】

《象辞》说："慢腾腾姗姗来迟"，表明没有飞黄腾达的奢望，一心想着屈尊下士来摆脱困境；虽然所处地位不妥当，不能胜任职务，却能得到志同道合者的支持。

九五，劓刖（yuè 月），困于赤绂；乃徐有说，利用祭祀。

【白话】

九五，用割鼻子剁脚的酷刑治理天下，就会被自身所处的尊贵地位所困扰；但慢慢地又会走出困境，应当虔诚地祭祀神灵，才能保证前景顺利。

【原文】

《象》曰："劓刖"，志未得也；"乃徐有说"，以中直也；"利用祭祀"，受福也。

【白话】

《象辞》说："用割鼻子剁脚的酷刑治理天下"，表明处在至高无上的显赫位置上，如果不恤民命，滥施酷刑，就会落得个孤家寡人，被困在众叛亲离的尊位上，摆脱困境走向亨通的志向就难以实现。"慢慢地又会走出困境"，完全是由于坚守中庸、保持正直品德的结果；"应当虔诚地祭祀神灵，才能保证前景顺利"，就是说诚心敬神，可以时时接受神灵恩赐的福分，求得吉祥顺利。

上六，困于葛藟（lěi 垒），于臲（niè 聂）卼（wù 务）；曰动悔有悔，征吉。

【白话】

上六，困在纷乱缠绕的葛藤中，身临摇摇欲坠的山石之间，假如说动辄会后悔，那就早点行动，让悔悟快点到来，向前进军会迎来吉祥。

【原文】

《象》曰："困于葛藟"，未当也；"动悔有悔"，吉行也。

【白话】

《象辞》说:"困在纷乱缠绕的葛藤中",说明所处位置不是十分妥当,脚下尚有难以解脱的绊索,因此困难重重。"假如说动辄会后悔,那就早点行动,让悔悟快点到来",这是十分明智的举动,早些悔悟,把危险抛在身后,前途就会无比吉祥顺利。

井卦第四十八

☴ 巽（风）下坎（水）上

井：改邑不改井，无丧无得，往来井井。汔（qì气）至亦未繘（jú桔）井，羸其瓶，凶。

【白话】

《井卦》：象征无穷：改变迁移城邑不会使水井发生改变和迁徙，井水不会枯竭也不会溢满，来来往往的人都到井里来打水。提水提到井口眼看就要上来了，却把水瓶打翻了，这是凶险的兆头。

【原文】

《彖》曰：巽乎水而上水，井；井养而不穷也。"改邑不改井"，乃以刚中也；"汔至亦未繘井"，未有功也；"羸其瓶"，是以凶也。

【白话】

《彖辞》说：顺应水的自然特性来使水上升到地面，这就是水井的情形；水井养育世人永远不会枯竭。"改变迁移城邑不会使水井发生改变和迁徙"，是因为充满阳刚之气而且坚守中庸之道的缘故，所以可以以不变应万变，保持相对稳定性；"提水提到井口眼看就要上来了"，毕竟还没有提上来，好比是费了很大劲头，事情马上就要成功了，却落得个功败垂成，劳而无功；"却把水瓶打翻了"，看似小事一桩，实际上是象征着在节骨眼上遇到麻烦，因而必然会有凶险临头。

【原文】

《象》曰：木上有水，井；君子以劳民劝相。

【白话】

《象辞》说：《井卦》的卦象是巽（木）下坎（水）上，即是说水分沿着树身向上运行，直达树冠，为井水源源不断地被汲引到地面之表象，因此象征无穷；井水无穷无尽，孜孜不倦地养育着人们，君子应当效法这种美德，不辞劳苦地为大众谋福利，倡导助人为乐的社会风尚。

初六，井泥不食，旧井无禽。

【白话】

初六，井底淤满了污泥不能供人饮用，历尽沧桑，年久失修的老井连鸟雀都不来光顾。

【原文】

《象》曰："井泥不食"，下也；"旧井无禽"，时舍也。

【白话】

《象辞》说："井底淤满了污泥不能供人饮用"，完全是因为位置处在最下面，相当于井底部位，水中泥沙不断沉淀最后都淤积在这里；"历尽沧桑、年久失修的老井连鸟雀都不来光顾"，反映出一种时过境迁，被世间万物所遗忘抛弃的凄凉遭遇。

九二，井谷射鲋（fù 付），瓮敝漏。

【白话】

九二，井底容水的凹穴被当做捉鱼的场所，汲水的瓮也破损漏水不能再用。

225

【原文】

《象》曰:"井谷射鲋",无与也。

【白话】

《象辞》说:"井底容水的凹穴被当做捉鱼的场所",主要是由于上面没有接应,难以把水送到地面上去供人饮用。于是井的作用得不到发挥,只好退而求其次,盛水的地方成了抓鱼的所在。由于水井陷于瘫痪状态,因而汲水的器具也破损不堪用不成了。

九三,井渫(xiè 屑)不食,为我心恻;可用汲,王明并受其福。

【白话】

九三,井水淘干净了却不饮用,使我心中不免失望;可以赶快汲来尽情享用,君王贤明是大家共同的福气。

【原文】

《象》曰:"井渫不食",行恻也;求"王明",受福也。

【白话】

《象辞》说:"井水淘干净了却不饮用",表明尽管血气方刚,一心想有所作为而使世人受益,却苦于一片好心无人领受,满怀热情的善行只落了个令人悲叹的结局;希望"君王贤明",直接从井水说到人事,盼望圣明的君主出现,思贤若渴,像汲水一样选拔吸收重用人才,就能给国家带来吉祥,君臣万民都可以享受到由此带来的恩惠。

六四,井甃(zhòu 咒),无咎。

【白话】

六四,用砖石垒砌加固井壁,不会遇到灾祸。

【原文】

《象》曰："井甃无咎"，修井也。

【白话】

《象辞》说："用砖石垒砌加固井壁，不会遇到灾祸"，表明六四爻以阴柔之象处在《井卦》居中部位，正好相当于井壁的关键部位，不可有丝毫闪失。因此应当及时修缮使其坚固，才能免除灾祸。

九五，井洌，寒泉食。

【白话】

九五，井水清澈明净，就像甘甜凉爽的泉水一样可供天下人饮用。

【原文】

《象》曰："寒泉之食"，中正也。

【白话】

《象辞》说："像甘甜凉爽的泉水一样可供天下人饮用，"这是因为九五爻处在最尊贵的地位，位置适中而且十分妥当。象征行为不偏不倚，内心纯正无私。因而能够集中体现水井滋润万物，造福大众的美德。

上六，井收，勿幕；有孚，元吉。

【白话】

上六，水井养人润物的功德业已完成，不要盖上井口；内心怀着一片诚意，定能带来大吉大利。

【原文】

《象》曰："元吉"在上，大成也。

【白话】

《象辞》说:"大吉大利"的情况出现在《井卦》最上面的位置,是因为上下照应,同心协力可将水提出井口。而且在这以后并不把井口盖严,继续怀着诚心为人们不断提供饮水的方便,功德无量,心然会有大吉大利到来。从而标志着滋养世人的宏伟事业获得了巨大的成功。

革卦第四十九

☲ 离（火）下兑（泽）上

革：己日乃孚，元亨，利贞，悔亡。

【白话】

《革卦》象征变革：在己日变革旧的事物，能够使民众深深地信服，前途通畅，坚守正道，最后就会取得成功，悔恨终将会消释。

【原文】

《彖》曰：革，水火相息；二女同居，其志不相得，曰革。己日乃孚，革而信之；文明以说，大亨以正，革而当，其悔乃亡。天地革而四时成；汤武革命，顺乎天而应乎人：革之时大矣哉。

【白话】

《彖辞》说：改变事物的本质进行变革，好像水与火相息相灭互不相容；又好像两个女子同住在一起，她们志向各异，终将生变，这些就是变革。己日之时变革旧事物，能够使民众深深地信服，取信于天下，人们必然会信从。依靠文明德性使人们心悦诚服，守持正道，前途才能通畅无阻，这样变革才会妥当，如此，悔恨就能消释。天地之间由于变革而成了春、夏、秋、冬四个季节；殷汤灭夏代的桀（jié 杰），周武王灭殷代的纣王的革命，都是依顺上天的规律又顺应民众的心意，变革的时代实在是伟大啊！

【原文】

《象》曰：泽中有火，革；君子以治历明时。

【白话】

《象辞》说：《革卦》的卦象是离（火）下兑（泽）上，为泽中有火之表象。大水可以使火熄灭；大火也可以使水蒸发，如此，水火相克相生，从而产生变革。君子根据变革的规律制定历法以明辨春、夏、秋、冬四季的变化。

初九，巩用黄牛之革。

【白话】

初九，应该用黄牛的皮革牢牢地捆绑住。

【原文】

《象》曰："巩用黄牛"，不可以有为也。

【白话】

《象辞》说："用黄牛的皮革牢牢地捆绑住"，因为初九在卦的最下位，位卑微而不可能有所作为。

六二，己日乃革之，征吉，无咎。

【白话】

六二，在己日进行变革，前进必获吉祥，不会有灾祸。

【原文】

《象》曰："己日革之"，行有佳也。

【白话】

《象辞》说："在己日进行变革"，必然会有好的功效。

九三，征凶，贞厉；革言三就，有孚。

【白话】

九三，急进会发生凶险，要以正防危；对于变革的言论，要多次研究周密考虑，赢得人们的信赖，就可以进行变革了。

【原文】

《象》曰："革言三就"，又何之矣！

【白话】

《象辞》说："对于变革的言论，要多次研究周密考虑"，其他的路是没有的，变革已经势在必行，只有走变革的道路。

九四，悔亡，有孚改命，吉。

【白话】

九四，悔恨已经消释，仍旧需要人们的信赖以革除旧的事物，这样做是吉祥的。

【原文】

《象》曰：改命之吉，信志也。

【白话】

《象辞》说：革除旧的事物，这样做是吉祥的，因为这符合变革的志向。

九五，大人虎变，未占有孚。

【白话】

九五，伟大的人物像猛虎一般进行变革，不必置疑一定能光大诚信的美德。

【原文】

《象》曰:"大人虎变",其文炳也。

【白话】

《象辞》说:"伟大的人物像猛虎一般进行变革",表明变革必然成功,其美德光照天下。

上六,君子豹变,小人革面;征凶,居贞吉。

【白话】

上六,君子像有斑纹的豹子那样进行变革,连小人也顺应变革改变旧日倾向;急进会有凶险,居而守正可以得到吉祥。

【原文】

《象》曰:"君子豹变",其文蔚(wèi位)也;"小人革面",顺以从君也。

【白话】

《象辞》说:"君子像有斑纹的豹子那样进行变革",说明君子协助有道德的大人物一起变革,必然使变革的成就更加光辉灿烂;"连小人也顺应变革改变旧日倾向",说明大势所趋,小人也不得不顺从君子的变革。

鼎卦第五十

☲ 巽（风）下离（火）上

鼎：元吉，亨。

【白话】
《鼎卦》象征革故鼎新：十分吉祥，亨通。

【原文】
《彖》曰：鼎，象也；以木巽火，亨饪（rèn任）也。圣人亨以享上帝，而大亨以养圣贤。巽而耳目聪明，柔进而上行，得中而应乎刚，是以元亨。

【白话】
《彖辞》说：《鼎卦》，是说此卦的形状好像古代烹饪的鼎；巽下为木，燃木柴以烹饪食物。而圣人烹饪食物以祭祀天帝，进而大规模地烹饪食物以供养圣人和贤人。烹饪食物供养圣贤之人，使他们谦顺的辅佐尊者而尊者就会耳聪目明，继而前进向上，得处中位又能够保持柔顺的美德，所以就十分亨通。

【原文】
《象》曰：木上有火，鼎，君子以正位凝命。

【白话】
《象辞》说：《鼎卦》的卦象是巽（木）下离（火）上，为木上燃着火之表象，是烹饪的象征，称为鼎；君子应当像鼎那样端正而稳重，以此完成使命。

初六，鼎颠趾（zhǐ 止），利出否；得妾以其子，无咎。

【白话】
初六，烹饪食物的鼎足颠翻，却顺利地倒出了鼎中陈积的污秽之物；就好像娶妾可以生子一样，不会发生灾祸。

【原文】
《象》曰："鼎颠趾"，未悖也；"利出否"，以从贵也。

【白话】
《象辞》说："烹饪食物的鼎足颠翻"，看似反常，实则不然；"却顺利地倒出了鼎中陈积的污秽之物"，便于除旧布新，反常的现象得以向好的方面转化。

九二，鼎有实；我仇有疾，不我能即，吉。

【白话】
九二，鼎中盛满了烹饪的食物，好比一个人有才干；我的对立面嫉妒我，却不能把我怎么样，是吉祥的。

【原文】
《象》曰："鼎有实"，慎所之也""我仇有疾"，终无尤也。

【白话】
《象辞》说："鼎中盛满了烹饪的食物，好比人有才干"，应该谨慎行事，不要走错方向，"我的对立面嫉妒我"，但因无隙可乘，故终将无所怨尤。

九三，鼎耳革，其行塞，雉（zhì 智）膏不食；方雨亏悔，终吉。

【白话】

九三，鼎器的耳部发生了变化，无法将插扛插入鼎耳移鼎，精美的野鸡肉不能得到无法食用；待到阴阳调和，润丽出现才能消释悔恨，最终还可以获得吉祥。

【原文】

《象》曰："鼎耳革"，失其义也。

【白话】

《象辞》说："鼎器的耳部发生了变化"，鼎无法称动，也就失去了它虚中纳物的意义。

九四，鼎折足，覆公悚（sù 诉），其形渥（wò 卧），凶。

【白话】

九四，鼎的足折断了，王公鼎里的粥饭倾倒出来了，鼎身被玷污，凶险。

【原文】

《象》曰："覆公悚"，信如何也！

【白话】

《象辞》说："王公鼎里的粥饭倾倒出来了"，哪里还有什么信誉可言呢！

六五，鼎黄耳金铉（xuàn 旋），利贞。

【白话】

六五，鼎配上黄色的鼎耳，插上坚固的扛鼎之器，利于坚守正道。

【原文】

《象》曰:"鼎黄耳",中以为实也。

【白话】

《象辞》说:"鼎配上黄色的鼎耳",是由于六五爻居中,自然可获得实惠。

上九,鼎玉铉,大吉,无不利。

【白话】

上九,鼎配上玉制的鼎扛,十分吉祥,不会有什么不利。

【原文】

《象》曰:玉铉在上,刚柔节也。

【白话】

《象辞》说:玉制的鼎扛高处上方,表明刚柔相济,互相调节。

震卦第五十一

☳ 震（雷）下震（雷）上

震：亨。震来虩（xì 细）虩，笑言哑哑；震惊百里，不丧匕鬯（chàng 唱）。

【白话】
《震卦》象征震动的雷声：可致亨通。当惊雷震动的时候，天下万物都感到恐惧，然而君子却能安之若素，言笑如故；即使雷声震惊百里之遥，主管祭祀的人却能做到从容不迫，手中的匙和酒都未失落，大丈夫威武不能屈，所以能成就大事。

【原文】
《彖》曰：雷，亨。"震来虩虩"，恐致福也；"笑言哑哑"，后有则也。"震惊百里"，惊远而惧迩（ěr 耳）也；出，可以守宗庙社稷，以为祭主也。

【白话】
《彖辞》说：震动的雷声，可致亨通。"当惊雷震动的时候，天下万物都感到恐惧"，表明恐惧之后从而谨慎从事，能够致福；"然而君子却能安之若素，言笑如故"，说明君子懂得做人的法则。"即使雷声震动惊百里之遥，主管祭祀的长男却能做到从容不迫，"说明他具有众人皆惧而自己不惧的气度；这样，君主去世，长男便能主持宗庙社稷，担当起领导国家的重任。

【原文】

《象》曰：洊（jiàn间）雷，震；君子以恐惧修省。

【白话】

《象辞》说：《震卦》的卦象是震（雷）下震（雷）上，为雷相重叠之表象，好像震动的雷声；君子应悟知恐惧惊惕，修身省过。

初九，震来虩；虩，后笑言哑哑；吉。

【白话】

初九，当惊雷震动的时候，天下万物都感到恐惧，君子亦应知恐惧而修省；当惊雷震动的时候，君子亦应言笑自若，结果是吉祥的。

【原文】

《象》曰："震来虩虩"，恐致福也；"笑言哑哑"，后有则也。

【白话】

《象辞》说："当惊雷震动的时候，天下万物都感到恐惧"，表明恐惧之后从而谨慎从事，能够致福；"而君子却能安之若素，言笑如故"，说明君子懂得做人的法则。

六二，震来，厉；亿丧贝，跻于九陵，勿逐，七日得。

【白话】

六二，惊雷震动，有危难；丢失大量金钱，应当攀登到高高的九陵上边去躲避，不去追寻它，待到七天自会失而复得。

【原文】

《象》曰："震来厉"，乘刚也。

【白话】

《象辞》说："惊雷震动，有危难"，六二爻凌驾于初九爻阳刚的上面，故可能出现危险。

六三，震苏苏，震行无眚。

【白话】

六三，雷震时虽恐惧不安，但是因为震惧而能谨慎行事，因此不会有灾异。

【原文】

《象》曰："震苏苏"，位不当也。

【白话】

《象辞》说："雷震动而恐惧不安"，说明六三爻所处的位置，不中不正，不适当。

九四，震遂泥。

【白话】

九四，由于雷震动而坠陷泥污中，不能自拔。

【原文】

《象》曰："震遂泥"，未光也。

【白话】

《象辞》说："由于雷震动而坠陷泥污中，不能自拔"，说明其志气不能发扬光大。

六五，震往来，厉；亿无丧，有事。

【白话】

六五，雷上下震动均有危难；以恐惧之心谨守中道就会万无一失,宗庙社稷也可以长盛不衰。

【原文】

《象》曰:"震往来厉",危行也;其事在中,大无丧也。

【白话】

《象辞》说:"雷上下震动均有危难",但能知恐惧而谨慎行动;处事恪守中道,就不会有什么大的损失。

上六,**震索索,视矍(jué决)矍,征凶;震不于其躬,于其邻,无咎;婚媾(gòu购)有言。**

【白话】

上六,由于雷震动恐惧而畏缩不前,两眼旁视而不安,如果行动就会有凶险;不过,当雷震还没有到达自己身上时,就早作戒备谨慎行事,则不致受害;涉及婚配之事则将会产生言语纷争。

【原文】

《象》曰:"震索索",中未得也;虽凶无咎,畏邻戒也。

【白话】

《象辞》说:"由于雷震动恐惧而畏缩不前",因为上六爻其位不正;虽然有凶险却不致受害,这是因为能够看见近邻的危险及时戒备,因而能防患于未然。

艮卦第五十二

䷳ 艮（山）下艮（山）上

艮：艮其背，不获其身；行其庭，不见其人，无咎。

【白话】

《艮卦》象征抑止：止于背部，不得使身体面向所止的地方；就好像在庭院里行走，两两相背，不曾感觉到有人的存在，进入这一境界，就不会受害。

【原文】

《彖》曰：艮，止也。时止则止，时行则行；动静不失其时，其道光明。"艮其止"，止其所也。上下敌应，不相与也，是以"不获其身，行其庭，不见其人，无咎"也。

【白话】

《彖辞》说：《艮卦》象征抑止。需抑止时就抑止，该行进时就行进；是动或者是静都不要失去时机，把握这一原则，前景就会光明。"止于背部"，抑止适得其所。艮卦六爻上下之间互不相应，不相交往，所以"不得使身体面向所止的地方，就好像在庭院里行走，两两相背，不曾感到有人的存在，进入这一境界，就不会受害"。

【原文】

《象》曰：兼山，艮；君子以思不出其位。

【白话】

《象辞》说：《艮卦》的卦象是艮（山）下艮（山）上，为两山重叠之表象，象征着抑止；君子的思想应当切合实际，不可超越自己所处的地位。

初六，艮其趾，无咎，利永贞。

【白话】

初六，抑止应该在脚趾迈出之前，这样就不会受害，而且将有利于长久坚守正道。

【原文】

《象》曰："艮其趾"，未失正也。

【白话】

《象辞》说："抑止应该在脚趾迈出之前"，这就说明没有失去正道。

六二，艮其腓（féi肥），不拯其随，其心不快。

【白话】

六二，抑止人的小腿的行动，不能迈步追随应该追随的人，他的心中是不会快乐的。

【原文】

《象》曰："不拯其随"，未退听也。

【白话】

《象辞》说："不能迈步追随应该追随的人"。又不能退下来听从抑止的意见，因而心中不快。

九三，艮其限，列其夤（yín银），厉薰（xūn勋）心。

【白话】

九三，抑止腰部的行动，断裂脊背的肉，危难将像熊熊的烈火一样烧灼他的心。

【原文】

《象》曰："艮其限"，危薰心也。

【白话】

《象辞》说："抑止腰部的行动"，说明危险将像熊熊的烈火一样烧灼他的心。

六四，艮其身，无咎。

【白话】

六四，抑止身体上部不动，就不会受害。

【原文】

《象》曰："艮其身"，止诸躬也。

【白话】

《象辞》说："抑止身体上部不动"，自我控制不超越本身的地位。

六五，艮其辅，言有序，悔亡。

【白话】

六五，抑止于口不随便乱说，说话很有条理，悔恨将会消失。

【原文】

《象》曰："艮其辅"，以中正也。

【白话】

《象辞》说:"抑止于口不随便乱说",说明六五爻居于中位能守中道。

上九,敦艮,吉。

【白话】

上九,能够以敦厚笃实的德行抑止邪欲,就吉祥。

【原文】

《象》曰:"敦艮之吉",以厚终也。

【白话】

《象辞》说:"能够以敦厚笃实的德行抑止邪欲,就吉祥",说明上九能够将敦厚的德行保持至终。

渐卦第五十三

䷴ 艮（山）下巽（风）上

渐：女归吉，利贞。

【白话】

《渐卦》象征循序渐进：如同女子出嫁那样，按照一切婚嫁的礼节循序渐进，就会得到吉祥，有利于坚守正道。

【原文】

《彖》曰：渐之进也，女归吉也。进得位，往有功也；进以正，可以正邦也。其位，刚得中也；止而巽，动不穷也。

【白话】

《彖辞》说：循序渐进，如同女子出嫁那样，按照一切婚嫁的礼节循序渐进，就会得到吉祥。这个时候循序渐进能够得到显贵的地位，此时从事的事业会成功；循序渐进又能够坚守正道，就可以治国安邦。居于显贵之位，刚健而得中道；静止和顺；不轻率地前进，如此循序渐进就不会困穷。

【原文】

《象》曰：山上有木，渐；君子以居贤德善俗。

【白话】

《象辞》说：《渐卦》的卦象是艮（山）下巽（风）上，表明高山上的树木逐渐长得高大，象征循序渐进；君子观看高山上的树木逐渐长得高大的情况，由是修养德性，改善社会的风尚、礼节和习惯。

初六，鸿渐于干；小子厉，有言，无咎。

【白话】

初六，鸿雁飞起来逐渐前进到水涯旁边，落伍离群，显得不安；象征着年幼无知的孩子有危难，受到言语中伤，如果能够循序渐进，就不会受害。

【原文】

《象》曰："小子之厉"，义无咎也。

【白话】

《象辞》说："年幼无知的孩子有危难"，不会发生什么危险的。

六二，鸿渐于磐（pán 盘），饮食衎（kàn 看）衎，吉。

【白话】

六二，鸿雁飞起来逐渐前进到安稳的磐石之上，饮食和乐，吉祥。

【原文】

《象》曰："饮食衎衎，不素饱也。"

【白话】

《象辞》说："饮食和乐"，说明绝不是尸位素餐不干事情的。

九三，鸿渐于陆，夫征不复，妇孕不育，凶；利御寇。

【白话】

九三，鸿雁飞起来逐渐前进到较平的山顶，好比丈夫远去出征而不复还，他的妻子非夫而孕难以生育，这当然是凶险的事；但却能以刚烈御强寇。

【原文】

《象》曰："夫征不复"，离群丑也；"妇孕不育"，失其道也；"利用御寇"，顺相保也。

【白话】

《象辞》说："好比丈夫远去出征而不复还"，离开自己的同类是值得忧虑的；"他的妻子非夫而孕难以生育"，因为违反了妇道；"但却能以刚烈御强寇"，说明守正能够使丈夫与妻子和顺相保。

六四，鸿渐于木，或得其桷（jué 觉），无咎。

【白话】

六四，鸿雁飞起来逐渐前进到高树之上，或许能寻找到较平的枝权得以栖息，这样就没有愆（qiān 千）尤。

【原文】

《象》曰："或得其桷"，顺以巽也。

【白话】

《象辞》说："或许能寻找到较平的枝权得以栖息"，说明六四柔顺和服从。

九五，鸿渐于陵，妇三岁不孕；终莫之胜，吉。

【白话】

九五，鸿雁飞起来逐渐前进到丘陵上，好比丈夫远出在外，妻子三年没有怀孕；但邪毕竟不能胜正，因此最终得到吉祥。

【原文】

《象》曰:"终莫之胜吉",得所愿也。

【白话】

《象辞》说:"邪终久不能胜正,因此就得到吉祥",实现了夫妇聚首的愿望。

上九,鸿渐于陆,其羽可用为仪,吉。

【白话】

上九,鸿雁飞起来逐渐前进到高山之上,漂亮的羽毛可以作为典礼上洁美的装饰品,吉祥。

【原文】

《象》曰:"其羽可用为仪,吉",不可乱也。

【白话】

《象辞》说:"漂亮的羽毛可以作为典礼上洁美的装饰品,吉祥",说明洁美高尚的志向不能相乱的。

归妹卦第五十四

☳ 兑（泽）下震（雷）上

归妹：征凶，无攸利。

【白话】

《归妹卦》象征婚嫁：如果行为不正，前方会有凶险，不会有利益。

【原文】

《彖》曰：归妹，天地之大义也。天地不交，而万物不兴；归妹，人之终始也。说以动，所归妹也；"征凶"，位不当也；"无攸利"，柔乘刚也。

【白话】

《彖辞》说：婚嫁，这是人世间天地万物传宗接代的大道理。宇宙之间天地阴阳如果不相交感应，万物就不会繁衍生息，兴旺发达；婚嫁，是与人类的生存相终始的。由于喜悦从而产生兴奋，正可以嫁出少女；"如果行为不正，前方会有凶险"，这是说所居的位置不适当；"不会有利益"，是因为刚与柔不顺，阴阳失调。

【原文】

《象》曰：泽上有雷，归妹，君子以永终知敝。

【白话】

《象辞》说：《归妹卦》的卦象是兑（泽）下震（雷）上，

兑又代表少女，震又代表长男为嫁出少女之表象；君子应当永远使夫妇和谐，白头偕老，防止夫妇关系被破坏。

初九，归妹以娣（dì 地），跛能履，征吉。

【白话】

初九，嫁出的少女作为偏房，好像跛脚而奋力向前行走，前进可获得吉祥。

【原文】

《象》曰："归妹以娣"，以恒也；跛能履，吉相承也。

【白话】

《象辞》说："嫁出的少女作为偏房"，这是婚嫁中的正常情况；"好像跛脚而奋力向前行走"，说明能以偏房侧室的地位辅佐和照顾丈夫，必获吉祥。

九二，眇能视，利幽人之贞。

【白话】

九二，眼睛一瞎一明仍能看到东西，说明幽居之人利于守正。

【原文】

《象》曰："利幽人之贞"，未变常也。

【白话】

《象辞》说："幽居之人利于守正"，这是因为能遵守恒常的规则。

六三，归妹以须，反归以娣。

【白话】

六三，妹妹想冒充姐姐之位嫁为正室，结果还是作为妹妹嫁做偏房。

【原文】

《象》曰："归妹以须"，未当也。

【白话】

《象辞》说："妹妹想冒充姐姐的地位嫁为正室"，这是不正当的。

九四，归妹愆期，迟归有时。

【白话】

九四，待嫁少女错过出嫁的时机，延迟日期待嫁，静等好的时机。

【原文】

《象》曰：愆期之志，有待而行也。

【白话】

《象辞》说：错过出嫁的时机，是为等待更好的时机到来再嫁。

六五，帝乙归妹，其君之袂（mèi 妹），不如其娣之袂良；月几望，吉。

【白话】

六五，帝乙嫁出少女，正房的服饰，反而不如偏房的服饰艳丽华美；月近十五将要圆了，吉祥。

【原文】

《象》曰："帝乙归妹，不如其娣之袂良"也；其位在中，以贵行也。

【白话】

《象辞》说:"帝乙嫁出少女,正房的服饰,反不如偏房的服饰艳丽华美";说明虽身居中位,十分尊贵,却能保持勤俭谦虚的美德。

上六,女承筐,无实,士刲(kuī亏)羊,无血。无攸利。

【白话】

上六,女子的筐蓝里空空荡荡没有实物,男子用刀宰羊却不见出血。没有利益。

【原文】

《象》曰:上六无实,承虚筐也。

【白话】

《象辞》说:《归妹卦》的第六爻位(上六)空虚无实,好比手持空空的篮筐。

丰卦第五十五

☲ 离（火）下震（雷）上

丰：享，王假之；勿忧，宜日中。

【白话】

《丰卦》象征盛大丰满；享通，君王能够使天下达到盛大丰满；就不用忧愁，好比太阳位居中天，光芒万丈。

【原文】

《彖》曰：丰，大也；明以动，故丰。"王假之"，尚大也；"勿忧，宜日中"，宜照天下也。日中则昃，月盈则食；天地盈虚，与时消息，而况于人乎？况于鬼神乎？

【白话】

《彖辞》说：《丰卦》意味着盛大丰满；光明正大地行动，必获以盛大丰满的结果。"君王能够使天下达到盛大丰满"，说明君王崇尚盛大；"不用忧愁，好比太阳位居中天，光芒万丈"，可以普照天下。太阳到了中天之后，就会西斜，月亮出现满月之后就会亏蚀；天地日月有盈有亏，随着时间的变化有生有死，更何况是人？何况是鬼神呢？

【原文】

《象》曰：雷电皆至，丰；君子以折狱致刑。

【白话】

《象辞》说：《丰卦》的卦象是离（火）下震（雷）上，离又代表闪电,震为雷,为雷电同时到来之表象,象征着盛大丰满;君子应该像雷电那样,审案用刑正大光明。

初九,遇其配主,虽旬无咎,往有尚。

【白话】

初九,遇见地位彼此相当的伙伴,虽然合作十天也不致受害,前往会受到尊敬重视。

【原文】

《象》曰:"虽旬无咎",过旬灾也。

【白话】

《象辞》说:"虽然合作十天也不致受害",但是过了十天就可能会有灾祸。

六二,丰其蔀(bù 部),日中见斗,往得疑疾;有孚发若,吉。

【白话】

六二,光明遭到云的蒙蔽,好比明亮的白天却看到了夜晚的北斗星,前往行事会被猜疑;如果能以自己的至诚之心去启迪,那么最后是能获得吉祥的。

【原文】

《象》曰:"有孚发若",信以发志也。

【白话】

《象辞》说:"能以自己的至诚之心去启迪",是有信以展拓其盛大之志。

九三,丰其沛,日中见沫;折其右肱(gōng 公),无咎。

【白话】

九三，光明被云遮掩，明亮的白天看见了小星星；好比右臂被折断而难以有所作为，但终究不会受害。

【原文】

《象》曰："丰其沛"，不可大事也；"折其右肱"，终不可用也。

【白话】

《象辞》说："光明被云遮掩"，不可成就胜任大事；"右臂折断而无为慎守"，最终得不到重用或不可能有所作用了。

九四，丰其蔀，日中见斗；遇其夷主，吉。

【白话】

九四，光明遭到云的蒙蔽，亮的白天却看到了夜晚的北斗星；但若遇到明主赏识还是会吉祥的。

【原文】

《象》曰："丰其蔀"，位不当也；"日中见斗"，幽不明也；"遇其夷主"，吉行也。

【白话】

《象辞》说："光明遭到云的蒙蔽"，是说九四爻所居的爻位不当；"明亮的白天却看到了夜晚的北斗星"，说明引时由于蒙蔽而出现昏暗；"但若遇到明主赏识"，行动还是会获得吉祥的。

六五，来章，有庆誉，吉。

【白话】

六五，有美德的贤能之士来辅佐，会有喜庆和美誉，吉祥。

【原文】

《象》曰：六五之吉，有庆也。

【白话】

《象辞》说：《丰卦》的第五爻位（六五）的吉祥，必定会有喜庆。

上六，丰其屋，蔀其家，闚（kuī亏）其户，阒（qù去）其无人，三岁不觌（dí笛），凶。

【白话】

上六，房屋高大，蒙蔽居室，窥视窗户，寂静而无人，三年之久仍不见人，自蔽孤立，定有凶险。

【原文】

《象》曰："丰其屋"，天际翔也；"闚其户，阒其无人"，自藏也。

【白话】

《象辞》说："高大的房屋"，居内自蔽，孤立于人，好似在天际飞翔；"窥视窗户，寂静而无人"，深深隐藏踪迹。

旅卦第五十六

☶ 艮（山）下离（火）上

旅：小亨，旅贞吉。

【白话】
《旅卦》象征旅行：小心谦顺可以亨通，旅行虽是小事，但能坚守正道必然吉祥。

【原文】
《彖》曰："旅，小亨"，柔得中乎外而顺乎刚，止而丽乎明，是以"小亨，旅贞吉"也。旅之时义大矣哉！

【白话】
《彖辞》说："旅行，小心谦顺可以亨通"，好比性情谦柔的人居中位能顺从阳刚，静止又能够附着于光明，所以"小心谦顺可以亨通，旅行虽是小事，但能坚守正道必然吉祥"。旅行的意义实在是大得很了！

【原文】
《象》曰：山上有火，旅；君子以明慎用刑，而不留狱。

【白话】
《象辞》说：《旅卦》的卦象是艮（山）下离（火）上，为火势匆匆蔓延之表象，象征行旅之人匆匆赶路；君子观此应谨慎使用刑罚，明断决狱。

初六，旅琐琐，斯其所取灾。

【白话】
初六，旅行之始猥琐不堪，这是自己招来的灾祸。

【原文】
《象》曰："旅琐琐"，志穷灾也。

【白话】
《象辞》说："旅行之始猥琐不堪"。是意志穷迫造成的灾祸。

六二，旅即次，怀其资，得童仆，贞。

【白话】
六二，旅客住在旅舍，携带钱财，有僮仆照顾，能坚守正道。

【原文】
《象》曰："得僮仆贞"，终无尤也。

【白话】
《象辞》说："有僮仆照顾，能坚守正道"，故不会有过失。

九三，旅焚其次，丧其僮仆；贞厉。

【白话】
九三，旅途中旅舍失火，从而丧失了照顾自己的僮仆，失去正道，会出现危险。

【原文】
《象》曰："旅焚其次"，亦以伤矣；以旅与下，其义丧也。

【白话】

《象辞》说:"旅途中旅舍失火",已经受到损伤;把僮仆视为路人,童仆舍其而去,是必然的,合乎道理的。

九四,旅于处,得其资斧,我心不快。

【白话】

九四,身处异乡暂为栖身,不能安居,虽然得到路费,但我的心情仍然不愉快。

【原文】

《象》曰:"旅于处",未得位也;"得其资斧",心未快也。

【白话】

《象辞》说:"身处异乡暂为栖身,不能安居",因为毕竟未得到长久安身的地方;"虽然得到路费",但仍然客居他乡,故此时心中仍不畅快。

六五,射雉,一矢亡;终以誉命。

【白话】

六五,射野鸡,丧失一枝箭;但最终获得荣誉和爵命。

【原文】

《象》曰:"终以誉命",上逮也。

【白话】

《象辞》说:"最终获得荣誉和爵命",是由于能亲近居高位的尊者。

上九,鸟焚其巢,旅人先笑,后号咷;丧牛于易,凶。

【白话】

上九,鸟巢失火被烧掉,行旅之人得高位先喜悦欢笑,后因遭祸事而号啕痛哭;牧人在牧场丢了牛,有凶险。

【原文】

《象》曰:以旅在上,其义焚也;丧牛于易,终莫之闻也。

【白话】

《象辞》说:"作为旅客却在异乡身居高位,这样必然要遭到焚巢之灾;牧人在牧场丢失了牛,这个可悲的结局是无可挽回的。

巽卦第五十七

☴ 巽（风）下巽（风）上

巽：小亨，利有攸往，利见大人。

【白话】
《巽卦》象征顺从：廉虚柔顺、小心从事可以达到亨通，这样才能利于所要做的事情，利于出现有道德并居于高位的人物。

【原文】
《彖》曰：重巽以申命。刚巽乎中正而志行，柔皆顺乎刚，是以"小亨，利有攸往，利见大人"。

【白话】
《彖辞》说：两个巽卦上下重叠，表示上下顺从，上下顺从宜于尊者申饬命令。阳刚者行为果敢、刚毅、公正，人人顺从，他的志向和抱负才能实现，而阴柔者能以谦柔去顺乎阳刚，故而说"谦虚柔顺，小心从事可以达到亨通，这样才能利于所要做的事情，利于出现有道德并居于高位的人物"。

【原文】
《象》曰：随风，巽；君子以申命行事。

【白话】
《象辞》说《巽卦》的卦象是巽（风）下巽（风）上，为风行起来无所不入之表象，由此表示顺从。具有贤良公正美德的君主应当仿效风行而物无不顺的样子，下达命令，施行统治。

初六，进退，利武人之贞。

【白话】

初六，过度谦卑，缺乏信心，进退迟疑，利于勇武之人坚守中正之道。

【原文】

《象》曰："进退"，志疑也；"利武人之贞"，志治也。

【白话】

《象辞》说："过度谦卑，缺乏信心，进退迟疑"，是指意志懦弱犹豫；"利于勇武之人坚守中道"，是勉励其修治，以树立坚强的意志。

九二，巽在床下，用史、巫纷若吉，无咎。

【白话】

九二，过度谦卑而屈居于床下，如果能像祝史、巫觋（xí）那样用崇敬谦恭的态度事神将十分吉祥，一定不会有什么祸患。

【原文】

《象》曰："纷若之吉"，得中也。

【白话】

《象辞》说："用崇敬谦恭的态度去行事将十分吉祥"，这是因为九二爻能够居中守正的缘故。

九三，频巽，吝。

【白话】

朝令夕改，使人无所适从，会有祸患。

【原文】

《象》曰："频巽之吝"，志穷也。

【白话】

《象辞》说："朝令夕改，使人无所适从，会有祸患"，是因为当政者缺乏远大的志向。

六四，悔亡，田获三品。

【白话】

六四，悔恨消失，田猎时得到多种收获。

【原文】

《象》曰：田获三品，有功也。

【白话】

《象辞》说："田猎时得到多种收获"，是因为能恪守"顺从"之道，所以才有所建树。

九五，贞吉，悔亡，无不利；无初有终；先庚三日，后庚三日，吉。

【白话】

九五，坚守中道，可以得到吉祥，悔恨会消失，做任何事情没有不顺利的；开始时也许不会太顺利，但最后一定会通达。比如颁行新的法令、政令，可以在象征变更的"庚"日的前三天发布，在"庚"日后三天再开始施行这些命令，才能使命令深入人心，从而使上下皆顺从，由此获得好的效果。

【原文】

《象》曰：九五之吉，位中正也。

【白话】

《象辞》说:《巽卦》的第五爻位(九五)之所以吉祥,是因为它居中端正,守持中道,慎始慎终。

上九,巽在床下,丧其资斧;贞凶。

【白话】

上九,谦卑恭顺到了极点而屈居于床下,丧失了赖以谋生的资本,丧失了刚硬的本性,结果是凶险的。

【原文】

《象》曰:"巽在床下",上穷也;"丧其资斧",正乎凶也。

【白话】

《象辞》说:"谦卑恭顺到了极点而屈居于床下",处于穷极末路,无法前进;"丧失了谋生的资本",失去了生活的能力,结果必然是凶险的。

兑卦第五十八

䷹ 兑（泽）下兑（泽）上

兑：亨，利贞。

【白话】
《兑卦》象征喜悦：亨通畅达，利于坚守中正之道。

【原文】
《彖》曰：兑，说也。刚中而柔外，说以利贞。是以顺乎天而应乎人。说以先民，民忘其劳；说以犯难，民忘其死；说之大，民劝矣哉！

【白话】
《彖辞》说：《兑卦》，是欢欣愉悦的意思。说明阳刚居中坚守正道而对外则谦柔恭顺，就能顺应天道。贤君明主无论做任何事情，只要自己肯乐于不辞烦劳，民众就会忘却一切劳苦艰辛；假如自己能率先趋危赴难甘冒艰险，民众则会忘记死亡的危险；由此说来，欣悦的意义是那样的宏大，可以使民众自我勉励啊！

【原文】
《象》曰：丽泽，兑；君子以朋友讲习。

【白话】
《象辞》说：《兑卦》的卦象是兑（泽）下兑（泽）上，为两个泽水并连之表象。泽水相互流通滋润，彼此受益，因而又象征喜悦；君子应当效法这一精神，乐于同志同道合的朋友一道研讨学业，讲习道义，这是人生最大的乐趣。

初九，和兑，吉。

【白话】

初九，能以平和喜悦的态度待人，获得吉祥。

【原文】

《象》曰：和兑之吉，行未疑也。

【白话】

《象辞》说：用平和喜悦的态度待人，获得吉祥，是因为行为诚信端正，不被人猜疑。

九二，孚兑，吉，悔亡。

【白话】

九二，心中诚信与人和悦，故而得到吉祥；悔恨可以消失。

【原文】

《象》曰："孚兑之吉"，信志也。

【白话】

《象辞》说："心中诚信与人和悦，故而得到吉祥"，说明心志诚信、笃实，能获得好的结果。

六三，来兑，凶。

【白话】

六三，前来寻求欣悦，有凶险。

【原文】

《象》曰:"来兑之凶",位不当也。

【白话】

《象辞》说:"前来寻求欣悦,有凶险",是因为居位不中不正的缘故。

九四,商兑,未宁,介疾有喜。

【白话】

九四刚居柔位,对喜悦能保持一定的警惕,有所思量,心绪不宁,须排险凶险疾恶才会有喜庆的结果。

【原文】

《象》曰:九四之喜,有庆也。

【白话】

《象辞》说:《兑卦》的第四爻位(九四)能拒绝诱惑,毅然守正,因此出现好的兆头,值得庆贺。

九五,孚于剥,有厉。

【白话】

九五,诚心相信小人的巧言令色,必有危险。

【原文】

《象》曰:"孚于剥",位正当也!

【白话】

《象辞》说:"诚心相信小人的巧言令色必有危险",只可惜它所居的正当之位了。

上六，引兑。

【白话】
上六，引诱别人一同欢悦。

【原文】
《象》曰：上六"引兑"，未光也。

【白话】
《象辞》说：《兑卦》的第六爻位（上六）"引诱别人一同欢悦"，不是光明正大的品行，而是偏离正德，这种所谓的欢悦将导致凶险。

涣卦第五十九

坎（水）下巽（风）上

涣：亨，王假有庙，利涉大川，利贞。

【白话】
《涣卦》象征涣散：顺畅亨通，贤明的君主去祠庙祭祀神灵以祈求保佑，利于渡过大川河流，利于坚守中正之道。

【原文】
《彖》曰："涣，亨"，刚来而不穷，柔得位乎外而上同。"王假有庙"，王乃在中也；"利涉大川"，乘木有功也。

【白话】
《彖辞》说："涣散，亨通"，阳刚之士居于阴柔中而不困穷，阴柔者对外居于正位，而与阳刚之志相协同。"贤明的君主去祠庙祭祀神灵，以祈求其保佑"，是说贤明的君主能将涣散的人心聚为一处，而自己则居于他们的中心；"利于涉过大川河流"，是说只要人心聚为一处，同心协力，乘着木船也能排除惊涛险浪而取得成功。

【原文】
《象》曰：风行水上，"涣"；先王以享于帝立庙。

【白话】
《象辞》说：《涣卦》的卦象是坎（水）下巽（风）上，为风行水上之表象，象征涣散、离散。先代君王为了收合归拢人心便祭祀天帝，修建庙宇。

初六，用拯马壮吉。

【白话】
初六，借助健壮的好马来弥补力量的不足，可以获得吉祥。

【原文】
《象》曰：初六之吉，顺也。

【白话】
《象辞》说：《兑卦》的第一爻位（初六）之所以是吉祥的，这是由于它能顺承阳刚的缘故。

九二，涣奔其机，悔亡。

【白话】
九二，处在涣散之时，要迅速脱离险境，转移到安全的地方，悔恨便会消失。

【原文】
《象》曰："涣奔其机"，得愿也。

【白话】
《象辞》说："涣散之时，要迅速脱离险境，转移到安全的地方"，脱离了危险，消失了悔恨，实现了自己的愿望。

六三，涣其躬，无悔。

【白话】
六三，宁愿自身受到损失，因此没有什么悔恨。

【原文】

《象》曰:"涣其躬",志在外也。

【白话】

《象辞》说:"宁愿自身受到损失",说明志向在外。

六四,涣其群,元吉;涣有丘,匪夷所思。

【白话】

六四,尽散朋党,因而有大的吉祥;同时,它又能化解小群而聚成山丘一般大的群体,这不是常人所能想到的。

【原文】

《象》曰:"涣其群元吉",光大也。

【白话】

《象辞》说:"尽散朋党,因而有大的吉祥",表明无自私自利之心,品行光明正大。

九五,涣汗其大号,涣王居,无咎。

【白话】

九五,像挥发身上的汗水一样发布重大的命令,同时亦能疏散君王的积蓄用以聚拢民心,这样做一定不会有什么祸患。

【原文】

《象》曰:"王居无咎",正位也。

【白话】

《象辞》说:"疏散君王的积蓄以聚拢民心,这样做一定不会有什么祸患",是因为九五爻居于正位,行事端正。

上九，涣其血去逖出，无咎。

【白话】

上九，摆脱伤害，远远地避开它，不再接近它，不会有什么祸患。

【原文】

《象》曰：涣其血，远害也。

【白话】

《象辞》说：摆脱伤害，这就是避祸之道。

节卦第六十

䷻ 兑（泽）下坎（水）上

节：亨；苦节不可，贞。

【白话】
《节卦》象征节制：节制可致亨通；但过分的节制也不是可以的，应当持正、适中。

【原文】
《彖》曰："节，亨"，刚柔分而刚得中。"苦节不可，贞"，其道穷也。说以行险，当位以节，中正以通。天地节而四时成；节以制度，不伤财不害民。

【白话】
《彖辞》说："节制，可致亨通"，是由于刚柔有所区分而阳刚居中。"但过分的节制也是不可以的，应当持正、适中"，说明节制如若不持正、适中的话，一定会导致困穷。心情愉悦时就能振奋精神勇于赴险，居位适中时就能注意节制自己，把握好适当的尺度，做任何事就一定会畅通无阻。天地正是因为有节制才形成了一年四季，统治者用典章制度来节制，就能既不浪费资财，又不妨害民众。

【原文】
《象》曰：泽上有水，节；君子以制数度，议德行。

【白话】

《象辞》说：《泽卦》的卦象是兑（泽）下坎（水）上，为泽上有水之表象，象征以堤防来节制。水在泽中，一旦满了就溢出来，而堤防本身就是用来节制水的盈虚的。君子应当效法《节卦》的义理，制定典章制度和必要的礼仪法度来作为行事的准则，以此来节制人们的行为。

初九，不出户庭，无咎。

【白话】

初九，不迈出庭院，没有危害。

【原文】

《象》曰："不出户庭"，知通塞也。

【白话】

《象辞》说："不迈出庭院"，说明知晓通则当行，阻则当止的道理。

九二，不出门庭，凶。

【白话】

九二，因过分节制而不跨出门庭，会有凶险。

【原文】

《象》曰："不出门庭"，失时极也。

【白话】

《象辞》说："因过分节制而不跨出门庭"，因此失去了适中、妥当的时机。

六三，不节若，则嗟若，无咎。

【白话】

六三,虽不能节制,但能嗟叹自悔,则没有祸患。

【原文】

《象》曰:"不节之嗟",又谁咎也!

【白话】

《象辞》说:"虽不能节制,但能嗟叹自悔",这样的话,又有谁能给它造成祸患呢?

六四,安节,亨。

【白话】

六四,能安然实行节制,故而亨通。

【原文】

《象》曰:"安节之亨",承上道也。

【白话】

《象辞》说:"能安然实行节制,故而亨通",说明谨守柔顺尊上之道。

九五,甘节,吉,往有尚。

【白话】

九五,能适度地节制从而让人感到美而适中,是吉祥的;前行一定会受到褒奖。

【原文】

《象》曰:甘节之吉,位居中也。

【白话】

《象辞》说:"能适度节制从而让人感到美而适中,是吉祥的"，这是由于居位中正的缘故。

上六，苦节；贞凶，悔亡。

【白话】

上六，因节制过分，则会感到苦涩；而且会发生凶险，如果能对过分节制感到懊悔，则凶险有可能消失。

【原文】

《象》曰："苦节贞凶"，其道穷也。

【白话】

《象辞》说："因节制过分，则会感到苦涩，而且会发生凶险"，因为过分节制必然导致末路穷途。

中孚卦第六十一

☲ 兑（泽）下巽（风）上

中孚：豚（tún 屯）鱼吉，利涉大川，利贞。

【白话】

《中孚卦》象征诚信：诚信施及到愚钝无知的小猪小鱼身上，从而感化了它们，因此获得吉祥，利于涉越大河大川，利于坚守中正之道。

【原文】

《彖》曰："中孚"，柔在内而刚得中；说而巽，孚乃化邦也。"豚鱼吉"，信及豚鱼也；"利涉大川"，乘木舟虚也；中孚以利贞，乃应乎天也。

【白话】

《彖辞》说："中心诚信"，就是柔顺在内可以谦虚诚恳，刚健居外能够中正有信；这样的话，可以使下欣悦而上和顺，其教化作用可以施及整个邦国。"诚信施及到愚钝无知的小猪小鱼身上，从而感化它们，因此获得吉祥"，是说明诚信已遍及各种事物，甚至已到了小猪小鱼这些微不足道的小动物身上；"利于涉越大川大河"，是说凭着中心诚信去涉险渡难，就像乘木船渡河那样方便可行，毫无阻挡；中心诚信利于坚守中正之道，这是因为顺应了"天"的刚正之德。

【原文】

《象》曰：泽上有风，中孚；君子以议狱缓死。

【白话】

《象辞》说：《中孚卦》的卦象是兑（泽）下巽（风）上，为泽上有风，风吹动着泽水之表象，比喻没有诚信之德施及不到的地方，说明极为诚信；君子应当效法"中孚"之象，广施信德，慎重地议论刑法论狱，宽缓死刑。

初九，虞吉，有它不燕。

【白话】

初九，能安守诚信，可以获得吉祥，如果另有他求的话就会得不到安宁。

【原文】

《象》曰：初九"虞吉"，志未变也。

【白话】

《象辞》说：《中孚卦》的第一爻位（初九）"能安守诚信，可以获得吉祥"，是因为其没有他求的志向没有改变。

九二，鸣鹤在阴，其子和之；我有好爵，吾与尔靡之。

【白话】

鹤在山的北面鸣叫，它的那些同类们一声声地应和着它；我有醇香的酒浆，愿与你一同畅饮。

【原文】

《象》曰：其子和之，中心愿也。

【白话】

《象辞》说："鹤的那些同类们一声声地应和着它"，说明它们表露出了内心的意愿。

六三，得敌，或鼓或罢，或泣或歌。

【白话】

六三，面临强劲的敌人，或者敲起战鼓发动进攻，或者兵疲将乏而致败退，或因为惧怕敌人的反击而哭泣，或由于敌人不加侵害而高兴地歌唱。

【原文】

《象》曰："或鼓或罢"，位不当也。

【白话】

《象辞》说："或者敲起战鼓发动进攻，或者兵疲将乏而致败退"，均是因为六三爻居位不正的缘故。

六四，月几望，马匹亡，无咎。

【白话】

六四，月亮将圆而未盈，好马失掉了匹配，不会有什么祸害。

【原文】

《象》曰："马匹亡"，绝类上也。

【白话】

《象辞》说："好马失掉了匹配"，是指六四爻诚信专一，断绝与同类之间的交往，而专心侍奉君主。

九五，有孚挛如，无咎。

【白话】

九五，具有诚信之德并以其牵系天下人心，天下的人也以诚信相和应，所以没有祸患。

【原文】

《象》曰:"有孚挛如",位正当也。

【白话】

《象辞》说:"具有诚信之德并以其牵系天下人心",是指居位中正适当,说明中心诚信这种教化作用可以施及整个邦国。

上九,翰音登于天,贞凶。

【白话】

上九,鸟高飞着,鸣叫声响彻天空,有可能出现凶险。

【原文】

《象》曰:"翰音登于天",何可长也!

【白话】

《象辞》说:"鸟高飞着,鸣叫声响彻天空",这种声音虚而不实,声高于情,怎么可能长久保持呢?

小过卦第六十二

䷽ 艮（山）下震（雷）上

小过：亨，利贞；可小事，不可大事；飞鸟遗之音，不宜上，宜下，大吉。

【白话】

《小过卦》象征略为过分：小过之时，可致亨通，但应以正为本，故而利于坚守中正之道；可以去干一些小事，但不可去涉足一些大事；飞鸟留下悲鸣之时，不应该向上强飞，而应该向下栖息，如此，大为吉祥。

【原文】

《彖》曰：小过，小者过而亨也；过以利贞，与时偕行也。柔得中，是以小事吉也。刚失位而不中，是以不可大事也。有飞鸟之象焉："飞鸟遗之音，不宜上，宜下，大吉"，上逆而下顺也。

【白话】

《彖辞》说：略为过分，是指在做平常的细小之事时有所过分，能致亨通；有所过分犹如矫枉过正，后而利于坚守中正之道，因为它是适应当时的情况而行此道的。阳刚失去中正之位而不能守持中道，所以不能去涉足天下大事。此卦有飞鸟之象："飞鸟留下悲鸣时，不应该向上强飞，而应该向下栖息，如此，大为吉祥"，是说不适时地去涉足天下大事，就会违背天道；埋头去干一些寻常小事则会平安顺达。

【原文】

《象》曰：山上有雷，小过；君子以行过乎恭，丧过乎哀，用过乎俭。

【白话】

《象辞》说：《小过卦》的卦象是艮（山）下震（雷）上，为山上响雷之表象，雷声超过了寻常的雷鸣，以此比喻"小有过越"；君子应效法"小过"之象，在一些寻常小事上能略有过分，如行止时过分恭敬，遇到丧事时过分悲哀，日常用度过分节俭，为的是矫枉过正。

初六，飞鸟以凶。

【白话】

初六，飞鸟向上强飞将会出现凶险。

【原文】

《象》曰："飞鸟以凶"，不可如何也。

【白话】

《象辞》说："飞鸟向上强飞将会出现凶险"，是咎由自取，无可奈何。

六二，过其祖，遇其妣；不及其君，遇其臣，无咎。

【白话】

六二，超过祖父，遇到祖母；但不能擅自越过君位，君臣遇合，一定没有祸患。

【原文】

《象》曰："不及其君"，臣不可过也

【白话】

《象辞》说:"不能擅自越过君位",因为作为臣子是不能超越至尊的。

九三,弗过防之,从或戕(qiāng 枪)之,凶。

【白话】

九三,自恃强盛而不愿过分防备,从而将要为人所害,故有凶险。

【原文】

《象》曰:"从或戕之",凶如何也!

【白话】

《象辞》说:"将要为人所害",说明面临的危险是多么的严重啊!

九四,无咎,弗过遇之;往厉必戒,勿用,永贞。

【白话】

九四:没有祸患,不过分恃强恃刚就能遇到阴柔;但是主动迎合阴柔会有凶险,因此,务必心存戒惕,不能去施展才用,要永远坚守中正之道。

【原文】

《象》曰:"弗过遇之",位不当也;"往厉必戒",终不可长也。

【白话】

《象辞》说:"不过分恃强恃刚就能遇到阴柔",因为九四爻以刚居柔位,位置不正;"主动迎合阴柔会有凶险,务必要心存戒惕",是说若主动迎合阴柔,最终将不可能长久无害。

六五，密云不雨，自我西郊；公弋取彼在穴。

【白话】

六五，乌云密布在天空而不下雨，这些乌云是从城的西边飘来的；王公们用细绳系在箭上射取那些藏在穴中的野兽。

【原文】

《象》曰：密云不雨，已上也。

【白话】

《象辞》说："乌云密布在天空而不下雨"，是因为阴气超过了阳气，阴阳不合，故而不能化雨。

上六，弗遇过之；飞鸟离之，凶，是谓灾眚。

【白话】

上六，不能遇合阳刚却超越了阳刚，无安栖之所的飞鸟遭受射杀之祸，故而凶险，这就叫做灾殃祸患。

【原文】

《象》曰："弗遇过之"，已亢也。

【白话】

《象辞》说："不能遇合阳刚而超越了阳刚"，是指其过分已达极点，再危险不过了。

既济卦第六十三

䷾ 离(火)下坎(水)上

既济：亨小，利贞；初吉终乱。

【白话】

《既济卦》象征成功：此时功德完满，连柔小者都亨通顺利，有利于坚守正道；开始时是吉祥的，但如有不慎，终久必导致混乱。

【原文】

《彖》曰："既济，亨"，不者亨也。"利贞"，刚柔正而位当也。"初吉"，柔得中也；终止则乱，其道穷也。

【白话】

《彖辞》说："事情已经成功，亨通顺利"，此时连柔弱卑小者都得到亨通。"有利于坚守正道"，是因为无论刚柔皆居正位。"开始时是吉祥的"，说明柔小者也能像刚健者居于中位不偏倚；终久必将混乱，说明事物发展到了极限，便会趋向衰落困穷。

【原文】

《象》曰：水在火上，既济；君子以思患而豫防之。

【白话】

《象辞》说：《既济卦》的卦象是离(火)下坎(水)上，为水在火上之表象。比喻用火煮食物，食物已熟，象征事情已经成功；君子应有远大的目光，在事情成功之后，就要考虑将来可能现的种种弊端，防患于未然，采取预防措施。

初九，曳其轮，濡（rú 如）其尾，无咎。

【白话】

初九，拉住车的轮子，不使它快进，小狐狸渡河时沾湿了尾巴，无法快游，没有灾祸。

【原文】

《象》曰："曳其轮"，义无咎也。

【白话】

《象辞》说："拉住车的轮子，不使它快进"，说明事情成功之后，必须谨慎从事，小心防备，才没有灾祸。

六二，妇丧其茀（fú 弗），勿逐，七日得。

【白话】

六二，丢失了妇人乘车上的遮帘，不用去寻找，过不了七天就会物归原处。

【原文】

《象》曰："七日得"，以中道也。

【白话】

《象辞》说："丢失妇人乘车上的遮帘，过不了七日就会物归原处"，说明此时正处于中位，坚守正道，不偏不倚，所以丢了的东西可以失而复得。

九三，高宗伐鬼方，三年克之；小人勿用。

【白话】

九三，殷高宗武丁征伐地处西北的鬼方国，经过三年的连续战斗才获得胜利；不可任用急躁冒进的小人。

【原文】

《象》曰："三年克之"，惫（bèi 备）也。

【白话】

《象辞》说："经过三年的连续战斗才攻克了鬼方国"，说明战争非常激烈又持续了三年之久，已经精疲力尽了，胜利是来之不易的。

六四，繻（rú 儒）有如衻，终日戒。

【白话】

六四，渡河的时候，为了防止船漏水，事先要准备破布棉絮，而且整天保持戒备，以防止发生灾祸。

【原文】

《象》曰："终日戒"，有所疑也。

【白话】

《象辞》说："整天保持戒备，以防止灾祸的发生"，说明此时心中有所疑虑，感到恐惧。

九五，东邻杀牛，不如西邻之禴祭，实受其福。

【白话】

九五，东边邻国杀牛宰羊来举行盛大祭礼，不如西边的邻国举行简单而朴素的祭祀，这样才能实在地得到神降赐的福分。

287

【原文】

《象》曰："东邻杀牛"，不如西邻之时也；"实受其福"，吉大来也。

【白话】

《象辞》说："东边的邻国杀牛宰羊来举行盛大的祭礼"，还不如西边邻国能按时举行虔诚简单的时祭；西邻"实在地得到上天神灵降赐的福分"，说明此时正当其位，吉祥福分将不断降临，非常幸运。

上六，濡其道，厉。

【白话】

上六，小狐狸渡河时弄湿了头，有危险。

【原文】

《象》曰："濡其道，厉"，何可久也！

【白话】

《象辞》说："小狐狸渡河时弄湿了头，有危险"，这是警告在事情成功之后，要更加小心谨慎，不然怎能长久不败！

未济卦第六十四

☲ 坎（水）下离（火）上

未济：亨；小狐汔济，濡其尾，无攸利。

【白话】
《未济卦》象征事未完成：经过努力可以得到亨通；小狐狸渡河快到对岸了，却浸湿了尾巴，则没有什么吉利。

【原文】
《彖》曰："未济，亨"，柔得中也。"小狐汔济"，未出中也；"濡其尾，无攸利"，不续终也。虽不当位，刚柔应也。

【白话】
《彖辞》说："未济，说明渡河没有成功，经过努力可以得到亨通"，因为柔弱者善于顺从并能居于中位不偏倚。"小狐狸渡河快到对岸"，但还在水里，处在危险之中。"小狐狸的尾巴被河水浸湿了。没有什么吉利"，说明虽然经过努力想促使事情成功，但不能持续下去，最终没有什么吉利。《未济卦》的全部爻位都不正当，但若能使刚柔相济，则还是能够成功的。

【原文】
《象》曰：火在水上，未济；君子以慎辨物居方。

【白话】
《象辞》说：《未济卦》的卦象是坎（水）下离（火）上，

为火在水上之表象。火在水上，大火燃烧，水波浩浩，水火相对相克，象征着未完成；君子此时要明辨各种事物，看到事物的本质，努力使事物的变化趋向好的方面，这样做则万事可成。

初六，濡其尾，吝。

【白话】
初六，小狐狸渡河时被水浸湿了尾巴，会有麻烦。

【原文】
《象》曰："濡其尾"，亦不知极也。

【白话】
《象辞》说："小狐狸渡河时被水浸湿了尾巴"，说明其自不量力，不知道自己究竟能使出多大的气力，急躁冒进，结果招致麻烦。

九二，曳其轮，贞吉。

【白话】
九二，向后拖拉车轮，使车不快进，坚守正道，可以得到吉祥。

【原文】
《象》曰：九二贞吉，中以行正也。

【白话】
《象辞》说：九二爻之所以可获吉祥，是因其恃中不移，端正不偏倚，有所节制，这样行事必获吉祥。

六三，未济，征凶，利涉大川。

【白话】

六三，事情未完成，急躁冒进去远行，有凶险，但有利于渡过大河急流。

【原文】

《象》曰："未济，征凶"，位不当也。

【白话】

《象辞》说："事情未完成，急躁冒进去远行，有凶险"，说明此时所处的位置不当。

九四，贞吉，悔亡，震用伐鬼方，三年有赏于大国。

【白话】

九四，坚守正道可获吉祥，悔恨会消失；以雷霆万钧之势征讨鬼方国，经地三年的激烈战斗终于得到了胜利，被封为一个大国的诸侯。

【原文】

《象》曰："贞吉悔亡"，志行也。

【白话】

《象辞》说："坚守正道可获吉祥，悔恨会消失"，说明实现了建功立业的志向。

六五，贞吉，无悔；君子之光，有孚吉。

【白话】

六五，坚守正道可获吉祥，没有什么悔恨；这是君子所具有的美德的光辉，有诚实守信的德行可以获得吉祥。

【原文】

《象》曰："君子之光"，其晖吉也。

【白话】

《象辞》说:"君子所具有的美德的光辉",说明此时正在事情即将成功的关键时刻,应该具有诚实守信、光明正大的美德,才能获得成功,光彩焕发,得到吉祥。

上九,有孚于饮酒,无咎;濡其首,有孚失是。

【白话】

上九,满怀信心,充分信任众人。这时可以安闲自得地饮酒作乐,没有什么灾祸;纵情滥饮,被酒淋湿了头,则说明过分信任他人,将会损害君子的正道。

【原文】

《象》曰:饮酒濡首,亦不知节也。

【白话】

《象辞》说:"纵情滥饮,被酒淋湿了头",这样喝得醉醺醺的,就会误了大事,就有灭顶之灾,这是放纵自己没有节制的结果。

◇ 系 辞 传（上）◇

第 一 章

【原文】

　　天尊地卑，乾坤定矣。卑高以陈，贵贱位矣。动静有常，刚柔断矣。方以类聚，物以君分，吉凶生矣。在天成象，在地成形，变化见矣。

【白话】

　　天因为在上面所以尊贵，地因为在下面所以卑贱，（《周易》中以《乾卦》作为天、作为阳的代表，以《坤卦》作为地、作为阴的代表，）所以乾卦高贵而坤卦卑微的位置关系就确定了。宇宙中的事物没有不是由卑微低下以至高大尊贵罗列并陈的，《周易》中卦爻之间的贵贱显卑，也就用排定的顺序位置显示出来了。宇宙间万事万物动极必静，静极必动，它们的运动和静止都有一定的规律；因此，《周易》中有阳刚阴柔，阳刚主动，阴柔主静，以阴和阳两种符号来代表刚与柔这两种断然不同的性质。天下人都按各自不同的意识观念而集聚成群，世上各种动植物也都是按照生态群体的不同来分类；吉利平安和凶祸灾难就在这同与异相互变易的矛盾运动中产生了。化生宇宙与万物的道，在天上就体现为日月星辰晦明圆缺等天象，在地上就变化成就为山川河岳动物植物等形态，而人世间万事万物变化的道理就从这些表象形态中明显地揭示出来了。

【原文】

是故刚柔相摩，八卦相荡。鼓之以雷霆，润之以风雨；日月运行，一寒一暑。乾道成男，坤道成女。乾知大始，坤作成物。

【白话】

所以宇宙间阳刚与阴柔这两种性质不断地互相摩切交感，就生成了八卦；八卦所代表的天地间八种基本物质现象，又互相推移变动，从而组合衍生出六十四卦《（以代表万事万物）。比如雷霆鼓动催发万物的生机，风雨润泽万物；太阳和月亮的交替运行，构成了世间的昼夜，也构成了世上寒暑代易，春华秋实的一年四季。《周易》中《乾卦》代表天、代表君、代表父、代表阳、代表刚键、代表动，是构成男性的特征；《乾卦》代表地、代表母、代表臣、代表阴、代表柔、代表静，是构成女性的特征。乾代表天，坤代表地，天地乾坤是创生万物的根源。乾的作用在于创生万物，而坤的作用则是孕育生成万物。

【原文】

乾以易知，坤以简能；易则易知，简则易从；易知则有亲，易从则有功；有亲则可久，有功则可大；可久则贤人之德，可大则贤人之业。

【白话】

乾为天，刚健而主动，它的特点是平易为人所知；坤为地，浑然化育生成万物，它的特点是顺从而安静，以简易来显示它的功能。平易就容易让人理解明了，简易就容易使人顺从遵行。容易使人理解，就心志相通，因而就有人亲附追随，容易顺从遵行，就会齐心协力，因而就能取得成功。有人亲附追随，就会长久存在；能取得成功，就能发展壮大。能长久存在是有才能的人的美德，能发展壮大则是有才能的人的事业。

【原文】

易简，而天下之理得矣；天下之理得，而成位乎其中矣。

【白话】

了解了乾坤平易和简易的道理，普天下的道理也就都懂得了。懂得了天下的道理，就能遵循天地的规律，在天地之中确立人的适当地位了。

第 二 章

【原文】

圣人设卦观象，系辞焉而明吉凶，刚柔相推而生变化。

【白话】

圣人观察宇宙间万事万物的现象而创造设置了64卦，（用卦形来比拟物象）各卦各爻下都以文辞来表明该卦该爻所显示的吉凶征兆，以便让人预知趋吉避凶。64卦386爻中阳刚阴柔互相推移而产生无穷的变化。

【原文】

是故吉凶者，失得之象也；悔吝者，忧虞之象也。变化者，进退之象也；刚柔者，昼夜之象也。六爻之动，三极之道也。

【白话】

所以，《周易》卦爻辞中所说的"吉"和"凶"，是处事失败或成功的象征。"悔"与"吝"是表示有忧愁顾虑的象征。卦爻所反映出来的变化，是处事权衡进退的象征。刚与柔是白天和黑夜的象征。从初爻到上爻的变动移易，包含着天象的灾异祥瑞和地理的平夷险阻，以及人世的吉凶祸福的道理。

【原文】

是故君子所居而安者,《易》之序也；所乐而玩者,爻之辞也。是故君子居则观其象而玩其辞,动则观其变而玩其占,是以"自天佑之,吉无不利"。

【白话】

所以,君子在平静居处的时候,能遵循心安理得的原则获得安稳,正是符合《周易》所显示的消长盈亏的变化次序。君子平时反复研究玩味而乐趣无穷的,是《周易》的卦爻文辞。所以君子平时观察卦爻象征的物像而探究玩味它的文辞；行动的时候观察《周易》卦爻的变化而玩味占筮出的易象吉凶；这样就能达到《周易·大有卦》上九爻辞所说的"从天上降下佑助,十分吉祥而没有不顺利的"。

第 三 章

【原文】

彖者,言乎象者也；爻者,言乎变者也。吉凶者,言乎其失得也；悔吝者,言乎其小疵也；无咎者,善补过也。

【白话】

彖辞是总体解释全卦的道理和比拟的物象,爻辞则是分别说明每一爻的变化。"吉"与"凶"是说明处事的成败得失,"悔"与"吝"是说明处事过程中细微的差别弊病,"无咎"是说善于补救过失,就能够避免灾祸。

【原文】

是故列贵贱者存乎位,齐小大者存乎卦,辨吉凶者存乎辞,忧悔吝者存乎介,震无咎者存乎悔。是故卦有小大,辞有险易；

辞也者，各指其所之。

【白话】

所以，表示高贵卑贱之分在于卦爻的位置，而确定阴小阳大的象征则在于卦体之中，辨别吉凶的象征可以在卦爻文辞中去寻求。忧虑"悔"和"吝"，应当在善恶利害吉凶祸福的细小微妙处仔细分辨，谨慎预防；震慄惊惧而能"无咎"，在于能够在内心悔悟而在行动上能改过和补救。因此，卦体有象征"阴柔"的小，也有象征"阳刚"的大；卦爻辞有凶险也有平易；各卦名爻的文辞，皆是分别指示各卦爻所显示的应该趋避的方向。

第 四 章

【原文】

《易》与天地准，故能弥纶天地之道。

【白话】

《周易》的创制是以天地的道理为准则的，所以能够包含天地间的一切道理。

【原文】

仰以观于天文，俯以察于地理，是故知幽明之故；原始反终，故知死生之说；精气为物，游魂为变，是故知鬼神之情状。

【白话】

《周易》的道理，上可以用来观察天上日月星辰等天象，下可以用来观察地上山川河岳的文理，所以就能够知道无形和有形的事理。了解事物的初始，反过来再探索事物的终结，就能知道生与死的规律。精气凝聚而成形,魂魄游离形体就散失,由此,我们可以探知鬼神的情态。

【原文】

与天地相似,故不违;知周乎万物而道济天下,故不过;旁行而不流,乐天知命,故不忧;安土敦乎仁,故能爱。范围天地之化而不过,曲成万物而不遗,通乎昼夜之道而知,故神无方而《易》无体。

【白话】

了解了《周易》的义理和天地的道理相似,其行为就不会违背天地自然的规律。知识能够遍晓万物的情态,道德能够匡济天下,行动就不会有偏差;不滥用权力,乐于接受天道的启示,也就没有忧虑。安心于各自所处的环境而敦行仁义之道,所以能广泛地爱天下所有的人。可见《周易》中包蕴的道理,足以包括天地的一切演化而不会过分,足以曲尽细密地助成万物而不会有遗漏,足以融会贯通昼夜、幽明、生死、鬼神的变化道理,而尽知其中的天道机密,所以说,事物的变化没有固定的模式,《周易》易理的变化也不能拘泥于一定的形式。

第 五 章

【原文】

一阴一阳之谓道。继之者善也,成之者性也。仁者见之谓之仁,知者见之谓之知,百姓日用而不知,故君子之道鲜矣。

【白话】

阴阳的相互交替、相互作用、相互消长、相克相生的矛盾运动是宇宙万物的根本，这就叫做"道"。继承和光大这个"道"就是善，顺承和接受这个"道"而孕育成就万事万物的就是天赋之"性"。善良仁义的人发现"道"有仁的内涵，就认为"道"是"仁"；聪明有智慧的人体察到"道"蕴藏着无穷无尽的智慧，就认为"道"是"智"；老百姓日常遵循此"道"却不知其然；所以君子所讲的"道"的全部含意就很少有人懂得了。

【原文】

显诸仁，藏诸用，鼓万物而不与圣人同忧。盛德大业至矣哉。富有之谓大业，日新之谓盛德。生生之谓易，成象之谓乾，效法之谓坤，极数知来之谓占，通变之谓事，阴阳不测之谓神。

【白话】

天地的"道"显现在仁义道德上，使其恩泽普遍施济于天下之物，但却又将其造化功能隐藏在各种具体的效用之中，不易被人觉察；在无言无语自然无为中鼓动万物的生机，与焦思忧虑希望匡济天下的圣人的思虑不同。但是圣人依然努力效法"道"的一切，他的嘉美德行和宏大的功业也算得上是至极无比了。极大地获有万物叫作宏大的功业，日日更新不断改善叫作嘉德懿行。阴阳互化生生不息叫作变易，卦划象征天的称作乾，卦划效法地的称作坤；推演蓍数而预知将来变化的叫作占筮；通晓变化玄机的叫作事，阴阳矛盾变化的奇妙莫测叫作"神"。

第 六 章

【原文】

夫《易》广矣大矣！以言乎远则不御，以言乎迩则静而正，以言乎天地之间则备矣。

【白话】

《周易》的道理的确是太博太深广了。用它辩析论说远处的事，则变化深广而遥无止境；用它来辩析论说近处的事，则清楚宁静而平稳端正；用它来辩析谈论天地之间的一切，则充实完备而万理俱存，

【原文】

夫乾，其静也专，其动也直，是以大生焉；夫坤，其静也翕（xī息），其动也辟，是以广生焉。广大配天地，变通配四时，阴阳之义配日月，易简之善配至德。

【白话】

象征阳刚的乾，在它宁静时是专一的，当它变化发动时，却是直出直入，不屈不挠，具有刚强博大的气魄，所以能导生出万物。象征阴柔的坤，在它宁静时敛伏深藏，当它发动变化之时，却是开辟展布，承受包容一切，具有柔顺宽广的性质。《周易》中蕴藏的深广博大的道理，可以配合天地的形象；它变化通达的性质可以配合四季节气；它阴柔阳刚的义理可以合太阳月亮的情态；它平易·简约的仁、智、美、善的性质可以配合最高尚的道德。

【原文】

子曰："《易》其至矣乎！夫《易》，圣人所以崇德而广业也。知崇礼卑，崇效天，卑法地。天地设位，而《易》行乎其中矣。成性存存，道义之门。"

【白话】

孔子说："《周易》的道理应该是最博大最深广的，《周易》正是圣人用来修养心性，提高道德和光大扩展其事业的。智慧

贵在崇高，礼仪贵在谦卑，要崇高就要仿效天象，要谦卑就要取法地理。天与地的位置关系既然已经确定，《周易》蕴含的变易的道理就已经包含在其中了。能用《周易》的道理修身养性而成就仁善的德性，并且不断地涵养蕴存这种德性，就找到了进入天地之道的义理真谛的门户。

第 七 章

【原文】

圣人有以见天下之赜（zé 责），而拟诸其形容，象其物宜，是故谓之象。圣人有以见天下之动，而观其会通，以行其典礼，系辞焉以断其吉凶，是故谓之爻。

【白话】

圣人发现了天下最深广宏大而又最幽晦难显的道理，就把它比拟成八个具体的形象，用来象征天下万物，所以把它叫用"象"。圣人发现天地间万事万物生生不息，千变万化而不断运动，就在错综复杂的变化中观察它们之间会合变通的道理，以便有利于施行典法礼仪，并在64卦386爻下边撰述文辞，用来断定事物变化发展的吉凶，所以把它叫作"爻"。

【原文】

言天下之至赜，而不可恶也；言天下之至动，而不可乱也。拟之而后言，议之而后动，拟议以成其变化。

【白话】

《周易》阐述的是天地最深广最弘大而又幽晦难显的道理，不应鄙薄轻视它取象的平易；《周易》反映的是天地间最纷繁复杂的变动，不应嫌其卦爻辞的纷乱。撰写《周易》的作者，是先比拟物象之后再阐述它的道理；先审议探讨物情之后再揭示它的变动。经过比拟物象和审议讨论物情，就形成了《周易》变化万方而鬼神莫测的变化哲学。

【原文】

"鸣鹤在阴，其子和之；我有好爵，吾与尔靡之。"子曰："君子居其室，出其言善，则千里之外应之，况其迩者乎？居其室，出其言不善，则千里之外违之，况其迩者乎？言出乎身，加乎民；行发乎迩，见乎远；言行，君子之枢机。枢机之发，荣辱之主也；言行，君子之所以动天地也，可不慎乎？"

【白话】

《周易·中孚卦》九二的爻辞说："鹤在山阴鸣唱，其子应声唱和，我有一壶美酒，愿意与你共享。"孔子解释说："君子即使是闲居在他自己的家里，只要发表的言论是仁德美善的，那么一千里路以外地方的人们也会闻风响应，更何况是接近他的人呢？同样，即便是闲居在自己的家里，只要他发表出的言论不是仁德美善的，那么一千里地以外的人们，也会群起批驳他，背离他，更何况是接近他的人呢？言论是从自身的角度出发的，却能影响百姓；行为是从自己近处发出的，远地的人却都能看得见。言论和行为，对君子来说犹如门户开闭的枢纽和击发弩箭的扳机。枢纽和扳机一旦开始旋转和发动，就已经决定了将要降临的是荣誉还是耻辱。言论和行为，是君子感动天地的关键，怎么可以不谨慎呢？"

【原文】

"同人，先号咷而后笑。"子曰："君子之道，或出或处，或默或语。二人同心，其利断金；同心之言，其臭如兰。"

【白话】

《周易·同人卦》九五的爻辞说:"要求天下人们志同道合而团结互助、和睦相处,先要经过号咷恸哭艰难困苦,后来才能欢喜快乐而笑。"孔子解释说:"君子待人处世,或者奔走于外,或者隐居于内,或者保持沉默,或者大发言论。只要两人的心意完全相同,产生的力量就如同刀刃一样锋利得可以切金断玉;心意相同的言论,它的气味会像兰草那样芬芳。

【原文】

"初六,藉用白茅,无咎。"子曰:"苟错诸地而可矣,藉之用茅,何咎之有?慎之至也。夫茅之为物薄,而用可重也。慎斯术也以往,其无所失矣。"

【白话】

《周易·大过卦》初六的爻辞说:"用白色的茅草衬垫放置祭品,这样必然没有过失。"孔子解释说:"如果直接把祭品放在地上,也是可以的。现在却还在下面铺垫了茅草,那里还有什么过错呢?这是极其慎重的作法。茅草本来是极其微薄的东西,但却可以用来承垫祭品,发挥重大作用。只要能继续用这种慎重恭敬的态度来办一切事,就必然不会有什么过失了。"

【原文】

"劳谦,君子有终,吉。"子曰:"劳而不伐,有功而不德,厚之至也。语以其功下人者也。德言盛,礼言恭;谦也者,致恭以存其位者也。"

【白话】

《周易·谦卦》九三的爻辞说:"勤劳而谦逊,君子能够一直保留下去,吉利。"孔子解释说:'勤劳而谦虚,不自己夸耀自己,有了功劳成绩却谨慎而恭敬,不敢自己认为自己有德而居德自傲,这是敦厚到极点了。这是说那些既有功德而又谦虚谨慎礼贤下士的人吧！德讲究盛明，礼讲究谦恭。《谦卦》的含义正在于以谦虚恭敬来保存其职务和地位。"

【原文】

"亢龙有悔。"子曰："贵而无位，高而无民，贤人在下位而无辅，是以动而有悔也。"

【白话】

《周易·乾卦》上九的爻辞说："巨龙高飞，已达到天宇的极高点，但是最终将会产生悔恨。"孔子解释说："极端尊贵，但却因高高在上，远离基础，所以实际上已经失去了权位；非常崇高，但却接触不到百姓，所认实际上就失去了百姓；贤能的人都处在卑微低下的地位上而不能直接辅助他，所以轻举妄动必将招致悔恨的结果。"

【原文】

"不出户庭，无咎。"子曰："乱之所生也，则言语以为阶。君不密则失臣，臣不密则失身，几事不密则害成。是以君子慎密而不出也。"

【白话】

《周易·节卦》初九的爻辞说："节制守正而不出门庭，是不会有祸患的，"孔子解释说："动乱的产生，往往是由于言语不慎造成的。作为君主说话不慎密就会失去臣子。作为臣下说话不慎密，就会招致杀身之祸，办事一开始就不慎密，则会危及事情的成功。所以君子应言语谨慎，不随便泄露机密。"

【原文】

子曰："作《易》者其知盗乎？《易》曰'负且乘，致寇至。'负也者，小人之事也；乘也者，君子之器也。小人而乘君子之器，盗思夺之矣；上慢下暴，盗思伐之矣。慢藏诲盗，冶容诲淫。《易》曰'负且乘,致寇至',盗之招也。"

【白话】

孔子说:"编撰《周易》的人,大概是了解盗贼之事吧?《周易·解卦》六三的爻辞说:'背负着重物的人却又乘坐在华丽的大车上,必然招致强盗前来夺取。'背负重物,是身份低贱的人的事,乘坐的华丽车辆却是高贵的君子所用的器物。身份低贱的人乘坐高贵君子的车辆,二者不相称,强盗自然就思谋夺取它了;君主傲慢无礼而臣下骄横暴虐,盗寇就必然图谋侵犯其国了。不隐密地收藏财物,实质就是教唆盗贼偷窃;女人过于注重化妆打扮而突出其容貌姿色,客观上就是引诱人们淫乱放荡。《周易》说'背负着重物而乘坐华丽的车辆,必然招致强盗前来,'就是说那来偷窃抢劫的贼寇实际是自己招引来的啊!"

第 八 章

【原文】

大衍之数五十,其用四十有九。分而为二以象两,挂一以象三,揲(dié 迭)之以四以象四时,归奇于扐(lè 勒)以象闰;五岁再闰,故再扐而后挂。天数五,地数五,五位相得而各有合。天数二十有五,地数三十,凡天地之数五十有五。此所以成变化而行鬼神也。

【白话】

根据天地变易而广为演绎的占筮是用五十根蓍草进行的,其中有一根象征太极留着不用,实用四十九根。把四十九根蓍草任意分为两组,置放在两边,用来象征天地两仪;接着从右手一组蓍草中取出一根挂放在左手小拇指上(也可以夹在左手小拇指和无名指的指缝里),用来象征天地人三才(即配合上述代表两仪的两组蓍草）。再接着将左右两组蓍草分别按四个一组的方法除去，用来象征一年的四季。把右手剩余的蓍草夹在左手无名指和中指之间，用以象征闰月；再把左手剩余的蓍草夹在左手中指和食指间，用来象征五年两闰。而后再按照上述顺序反复推算。象征天的数字有一、三、五、七、九等五个奇数，象征地的数字有二、四、六、八、十等五个偶数，五对奇偶数能够相互搭配而各自谐合。象征天的五位数字相加为二十五，象征地的五位数字相加为三十，象征天地的数字相加共计是五十五。这就是《周易》运用数字演绎，构成宇宙间各种变化的象征，从而能够推算判断鬼神莫测的未来的特点。

【原文】

《乾》之策二百一十有六，《坤》之策百四十有四，凡三百有六十，当期之日。二篇之策，万有一千五百二十，当万物之数也。是故四营而成《易》，十有八变而成卦，八卦而小成。引而申之，触类而长之，天下之能事毕矣。显道神德行，是故可与酬酢，可与佑神矣。子曰："知变化之道者，其知神之所为乎？"

【白话】

《乾卦》的蓍草数为216，（乾为阳，阳数九，每次揲4根，则4乘以9为36；又因六爻全是阳，故36再乘以6得216。）《坤卦》的蓍草数为144，（坤为阴，阴数六，因推演中每次揲4根蓍草，故4乘以6得24；坤共6爻，故24再乘以6得144。）《乾卦》、《坤卦》共计三百六十根蓍草，象征一年的天数。总计《周易》上下经64卦的蓍数，则为11520，象征着天下万事万物。通过"四营"（分二、挂一、揲四、归奇），就筮得了《周易》卦爻的初形。其中，每三变成一爻，18变就得到六爻，形成一卦。每九变出现的三爻组成的卦也就是八卦，这是第一步的小成果。64卦就是这样演绎、引申、推广，碰到相应的事或同类的事物，则增长发挥它的象征意义；这样，一部《周易》就将天下所能取法、所能阐述的事理已经毫无遗漏地包括进去了。《周易》能显现天下深遂而博大的道理，能促使施行仁善的道德和美好的行为，所以运用《周易》的道理可以解释天下万物，可以获得神明的佑助。孔子说："懂得《周易》变易道理的人，大概知道神秘而又神奇的宇宙自然规律吧。"

第九章

【原文】

《易》有圣人之道四焉：以言者尚其辞；以动者尚其变，以制器者尚其象，以卜筮者尚其占。

【白话】

《周易》包含有圣人常用的四个方面的道理：用它来指导言论的人，推崇《周易》的辞文；用它来指导行动的人，崇尚《周易》的变化；用它来指导制作器物的人，推崇《周易》卦爻的物象象征；用它来指导占卜的人，推崇《周易》占疑断事的原理。

【原文】

是以君子将有为也，将有行也，问焉而以言，其受命也如响，无有远近幽深，遂知来物。非天下之至精，其孰能与于此？参伍以变，错综其数；通其变，遂成天地之文；极其数，遂定天下之象。非天下之至变，其孰能与于此？《易》无思也，无为也，寂然不动，感而遂通天下之故。非天下之至神，其孰能与于此？

【白话】

所以，当君子将要开始做事情的时候，在将要出门旅行的时候，用《周易》来占断卜问，并根据占断卜问的结果来说话和做事，《周易》能如响应声一样承受占筮者的意图，无论地处的远近，也无论事理的幽隐艰深，都能推知事物的未来情况。

如果不是精通天下最博大精深的道理，谁又能达到如此程度呢？三番五次地研究探求天地的变易，用蓍草错综往复地推演天地之数；综合融通其中的变化，就能完成阐释天地阴阳卦爻的文辞；推演穷尽蓍数的变化，就可以判断推定天下万物变化的物象。如果不是知晓天下最复杂最神秘的变化，谁又能够做到如此程度呢？《周易》所包含的道理，不是苦思冥想出来的，是自然无为而得来的，它寂然不动，却根据天地阴阳交感相应的原理而推绎贯通天下的一切事理。如果不是深通天地间最隐晦却又最神妙的规律，谁又能达到如此程度？

【原文】

夫《易》，圣人之所以极深而研几也。唯深也，故能通天下之志；唯几也，故能成天下之务；唯神也，故不疾而速，不行而至。子曰："《易》有圣人之道四焉"者，此之谓也。

【白话】

《周易》是圣人用来探究深奥的事理和剖析细微象征的书。只有深入地研究幽深的事理奥秘，才能贯通天下人的心思和意志；只有细致地剖析探求各种事物的细微象征，才能成就天下的事务；只要贯通了《周易》神秘而神妙的道理，就能做到不欲速而速成，不专门去做也能自然达到。孔子说："《周易》含有圣人常应用的四个方面的道理"，说的就是这个意思吧。

第 十 章

【原文】

天一、地二，天三、地四，天五、地六，天七、地八，天九、地十。子曰："夫《易》何为者也？夫《易》开物成务，冒天下之道，如斯而已者也。"

【白话】

天数是一、地数是二，天数是三、地数是四，天数是五、地数是六，天数是七、地数是八，天数是九、地数是十。孔子说："《周易》为什么要取这些天地数字呢？这是因为《周易》是以数理推断物象，又通过物象来探求事理、研究天下万物变化规律；不过如此而已。"

【原文】

是故圣人以通天下之志，以定天下之业，以断天下之疑。是故蓍之德圆而神，卦之德方以知，六爻之义易以贡。圣人以此洗心，退藏于密，吉凶与民同患；神以知来，知以藏往。其孰能与此哉？古之聪明睿知，神武而不杀者夫。是以明于天之道，而察于民之故，是兴神物以前民用。圣人以此齐戒，以神明其德夫。

【白话】

所以圣人用《周易》的道理贯通天下人的心思意志，用《周易》的道理奠定成就天下事业，决断天下的一切疑难。因此，蓍数的性质圆通而神奇，卦象的性质是方正而睿智，六爻的意义是通过推衍事物的变化而告诉人们以吉凶。圣人用这些洗涤净化自己的意识，退一步将它潜化万物的功用隐藏起来，无论是吉利还是凶险的事情都和百姓同甘苦共忧患。《周易》中神秘而又神奇的道理能够推算预知未来，《周易》智慧包藏着过去的全部知识和经验。谁能做到这样呢？大概只有古代聪明而睿智、神武而又不嗜杀伐的君主才能如此吧！所以能够明白天道，察知百姓的情状。并创造了神奇的占筮方法，用它来引导百姓趋吉避凶。圣人用它进行占筮时必须先进行斋戒，正是为了发挥其神奇的作用。

【原文】

是故阖户谓之坤，辟户谓之乾，一阖一辟谓之变，往来不穷谓之通；见乃谓之象，形乃谓之器，制而用之谓之法，利用出入，民咸用之谓之神。

【白话】

因此，关闭门户叫做坤，开启门户叫做乾，门户一关一开叫做变化，来来往往变化无穷叫做变通；显现叫做表象，由变化的现象所产生的形状叫做器，仿照变化的样子制造器物以供人使用叫做取法，人们反复利用《周易》的方法来占筮，却不知其所以然，只能用神奇来解释。

第十一章

【原文】

是故《易》有太极，是生两仪，两仪生四象，四象生八卦，八卦定吉凶，吉凶生大业。

【白话】

因此，《周易》创造以前有太极，太极就是阴阳尚处于浑沌未分的状态，太极产生了两仪，两仪产生了太阳、少阳，太阴、少阴等四象，四象产生了天地雷风水火山泽的八卦，通过八卦变易就可以推断吉凶，知吉凶然后才能成就大事。

【原文】

是故法象莫大乎天地；变通莫大乎四时；悬象著明莫大乎日月；崇高莫大乎富贵；备物致用，立成器以为天下利，莫大乎圣人；探赜索隐，钩深致远，以定天下之吉凶，成天下之亹（wéi

娓，勤勉不倦）亹者，莫大乎蓍龟。

【白话】

所以，仿效自然没有比仿效天地更大的；变化会通没有比一年四季更大的；悬垂的显示光明的天象没有超过日月的；地位的崇高没有超过豪富尊贵的；准备实物，以适应人类的需要，创制器具，以使天下人获得便利，其功劳没有比圣人更大的；探求天地间幽隐难显的变化规律，摸索宇宙深奥的法则，并用它来判断确定天下的吉凶祸福，指引人们趋吉避凶，从而完成天下的宏伟的事业，没有比蓍占龟卜的作用更大的。

【原文】

是故天生神物，圣人则之；天地变化，圣人效之；天垂象，见吉凶，圣人象之；河出图，洛出书，圣人则之。《易》有四象，所以示也；系辞焉，所以告也；定之以吉凶，所以断也。

【白话】

所以天创生出神奇的蓍草和神异的灵龟，圣人用它来建立占卜的法则；天地产生各种各样的变化，而圣人仿效它来制定律条；上天垂示日月星辰等天象，向人们显示吉凶的征兆，圣人模拟它而推衍占断吉凶。古时黄河出现了背上画有图形的龙马，洛水出现了背上书有文字的灵龟，圣人依此制定出八卦、九畴。《周易》有太阳、太阴、少阳、少阴等四象，是专门用来显示吉凶变化征兆的；在卦爻后面附系的文辞，是专门用来告知未来的。文辞中确定吉凶的断语，就是帮助人们判断得失，指导人们趋吉避凶的。

【原文】

《易》曰："自天佑之，吉无不利。"子曰："佑者，助也。天之所助者，顺也；人之所助者，信也。履信思乎顺，又以尚贤也，是以'自天佑之，吉无不利'也。"

【白话】

《周易·大有卦》上九爻辞说:"从上天获得保佑和帮助,行事吉祥而无不利。"孔子解释说:"佑是帮助和保佑的意思。天所乐于帮助的人是能顺行天道的人;人所乐于帮助的人是笃守诚信的人。人能够心怀诚信而时时顺行天道,又能尊贤尚能,所以就能,'从天上获得保佑和帮助,行事吉祥而无不利'。"

第十二章

【原文】

子曰:"书不尽言,言不尽意。"然则圣人之意其不可见乎?子曰:"圣人立象以尽意,设卦以尽情伪,系辞焉以尽其言,变而通之以尽利,鼓之舞之以尽神。"

【白话】

孔子说:"文字不能完全表达作者所要说的话,而语言也不能完全表达人的思想。"那么,圣人的心意难道就无法发现了吗?孔子又说:"圣人创立卦象,用象征的方式,尽量地表达他的思想,创制六十四卦来尽量地反映宇宙万物的真情和虚伪,在卦下撰系文辞来尽量地写出他用语言尚未表达完的话语,又变化会通三百八十四爻,以便天下万事万物感到便利,并鼓舞百姓,使百姓能充分运用《周易》,发挥其神奇的功能。"

【原文】

乾坤,其《易》之缊邪?乾坤成列,而《易》立乎其中矣;乾坤毁,则无以见《易》;《易》不可见,则乾坤或几乎息矣。

【白话】

《乾卦》和《坤卦》,难道不是《周易》的基础与核心吗?

只要乾坤排列起来，象征天地变化的《周易》所包藏的道理就确立在其中了。假如乾坤毁灭了，也就不会出现《周易》；出现不了《周易》，乾坤变化孕育万物的道理差不多也就要湮灭了。

【原文】

是故形而上者谓之道，形而下者谓之器，化而裁之谓之变，推而行之谓之通，举而错之天下之民，谓之事业。

【白话】

所以在形态上，居于形体之上的精神因素叫做"道"；居于形体之下的叫做"器"。阴阳互相交感决定万物化育孕生叫做"变"；引用天地交感变化的道理，把它们推而广之的叫做"通达"，将这些道理交给天下百姓去使用，叫做"事业"。

【原文】

是故夫象，圣人有以见天下之赜，而拟诸其形容，象其物宜，是故谓之象。圣人有以见天下之动，而观其会通，以行其典礼，系辞焉以断其吉凶，是故谓之爻。极天下之赜者存乎卦；鼓天下之动者存乎辞；化而裁之存乎变，推而行之存乎通；神而明之存乎其人；默而成之，不言而信，存乎德行。

【白话】

所以，《周易》中所说的"象"，是圣人发现了天地间最隐晦深奥的道理，把它比拟成可以感觉到的具体形象容貌，用来象征这些道理适宜于事物的意义，所以称作"象"。圣人发现了天下阴阳相消相生交感化育，万物因之生生不息的规律，观察其中的变化会通，以利于根据这些来制定和施行典法礼仪，并在64卦386爻下撰系文辞来判断事物发展变化的吉凶，所以称作"爻"。将天下最隐晦深奥又最博大繁复的道理完完全全地存储到64卦卦形中；将鼓舞天下去建功立业的精义存储于卦爻辞中；使天下万物交相感化而又互相牵制的规律存在于变易中；

推动天下万物顺利的生息发展并推而广之的奥秘存在于会通中；能够明察《周易》奥秘而神妙的道理，并能发挥运用得当的关键在于是否得其人；学《周易》之人默默无闻地研究并有所成就，不用多说话就能取得人们的信任，关键在于有美好的道德品行。

系 辞 传（下）

第 一 章

【原文】

八卦成列，象在其中矣；因而重之，爻在其中矣；刚柔相推，变在其中矣；系辞焉而命之，动在其中矣。

【白话】

八卦相对成列，宇宙间所有的物象都包括在八卦中了。圣人根据八卦重新排列组合，组成 64 卦，386 爻就都在其中了；阳刚阴柔互相推衍移易，变易的道理就都在其中了；各卦各爻，圣人都给它撰系以文辞，分别指明吉凶的征兆，于是趋吉避凶，适时变动的规律就在其中了。

【原文】

吉凶悔吝者，生乎动者也；刚柔者，立本者也；变通者，趣时者也。吉凶者，贞胜者也；天地之道，贞观者也；日月之道，贞明者也；天下之动，贞夫一者也。

【白话】

《周易》中讲的"吉"、"凶"、"悔"、"吝'，是从事物的变动之中产生；阳刚阴柔的卦爻变化，是确立一卦卦意的根本所在；变化会通是指示趋向合宜的时机。吉凶的规律，主要是说明坚持正理，坚守正道就能获胜；天地的道理，说明守正会受到尊敬；日月的道理，说明能遵守正常规律，就能正常地散发光明；天下万物的一切活动，都只有坚持正理，坚守正道，才能取得成功。

【原文】

夫乾，确然示人易矣；夫坤，隤然示人简矣。爻也者，效此者也；象也者，像此者也。爻象动乎内，吉凶见乎外；功业见乎变，圣人之情见乎辞。

【白话】

乾的特征，是坚定刚健而又显出平易，坤的特征，是柔弱顺从而又显出简易。卦爻就是仿效乾坤的平易与简易的道理而制定的；所谓的象，也是模拟乾坤的平易、简易的形迹特点而设置的。卦爻卦象在卦体内部变化运动，吉祥和凶险的征兆就在卦体的外部象征上体现出来。事业的兴起，功绩的取得，体现在事物的变化过程中；而圣人的思想情感则是体现在卦爻的文辞中。

【原文】

天地之大德曰生，圣人之大宝曰位。何以守位？曰仁。何以聚人？曰财。理财正辞、禁民为非曰义。

【白话】

天地最大的德泽是化育孕生万物，圣人最宝贵的是崇高的地位。怎样才能保持住崇高的地位？用仁爱的道德和仁政。如何招致聚集人群呢？用财富。管理财务，端正言行，禁止老百姓做违法犯禁的事，则可以用道义去约束。

第 二 章

【原文】

古者包牺氏之王天下也，仰则观象于天，俯则观法于地，观鸟兽之文，与地之宜，近取诸身，远取诸物，于是始作八卦，以通神明之德，以类万物之情。作结绳而为网罟（gǔ 古），以佃以渔，盖取诸《离》。

【白话】

上古的时候，伏羲氏治理天下，他仰观天上垂示的天象，俯视大地山川河岳的地理法则，又观察飞禽走兽身上毛羽的色彩纹理，以及地上适应环境而存在的种种事物，近处的取法于人体，远处的援取宇宙万物的形象，于是创造了八卦，用它来贯通神奇奥秘的天道的德行，也用它来归纳天下万物的情况。伏羲氏发明了编结绳子的方法制成罗网，用来捕鱼狩猎，大概是吸取了《离卦》中虚的象征吧。

【原文】

包犧氏没，神农氏作，斲（zhuó 酌）木为耜（sī 饲），揉木为耒（lěi 垒），耒耨（nòu）之利，以教天下，盖取诸《益》。日中为市，致天下之民，聚天下之货，交易而退，各得其所，盖取诸《噬嗑》。

【白话】

伏羲氏死后，神农氏兴起，神农民砍削树木做成耒耜的锸头，弯曲木棍做成耒耨的曲柄，这种翻土耕田的农具的好处，在于可以用它来教会天下百姓耕作，这大概是受到了《益卦》的启发吧。又规定中午为集市贸易时间，招聚天下的老百姓，聚集天下的货物，互相交换买卖后归去，各自都获得了自己所需要的东西，这大概是受到了《噬嗑卦》的启发吧。

【原文】

神农氏没，黄帝、尧，舜氏作，通其变，使民不倦；神而化之，使民宜之。《易》穷则变，变则通，通则久，是以"自天佑之，吉无不利"。黄帝、尧、舜垂衣裳而天下治，盖取诸《乾》《坤》。

【白话】

神农氏去世以后,黄帝、尧、舜相继兴起,他们会通前代的器物制度加以变化,开辟新的器用制度,用以改善人们的生活,从而使百姓努力进取而不厌倦;从而不知不觉地出现了神奇的变化,使百姓生活得到了更多的便利。《周易》的道理是事物发展到极端时就出现变化,能不断变化就能畅通无阻,能畅通无阻就能长久,所以也就能够如《大有卦》上九爻所说:"从天上获得保佑和帮助,行事吉祥而无不利。"黄帝、尧、舜改革文物制度,百官分职,改变过去穿羽皮草木的御寒习惯,而穿上长垂的衣裳,使天下得到大治,这大概是受了《乾卦》、《坤卦》的启发吧。

【原文】

刳(kū枯,剖开挖空)木为舟,剡(yǎn眼,削)木为楫,舟楫之利以济不通,致远以利天下,盖取诸《涣》。服牛乘马,引重致远,以利天下,盖取诸《随》。重门击柝,以待暴客,盖取诸《豫》。断木为杵,掘地为臼,臼杵之利,万民以济,盖取诸《小过》。弦木为弧,剡木为矢,弧矢之利,以威天下,盖取诸《睽》。

【白话】

(黄帝、尧、舜)把树木中间挖空,凿成船,削刮木材,制成桨,船和桨可以用来帮助人们渡过难以通行的江河湖泊,而且可以航行到更远的地方,使天下都得到便利,这大概是受到了《涣卦》的启示吧。他们驯化牛,驾驭牛拖运重物,乘坐着马拉的车子直到远方,用这些方法让天下人获得便利,这大概是吸取了《随卦》的启示吧。他们设置多重的门禁,并在夜里敲着梆子警戒,用来防备暴徒强寇,这大约是受到了《豫卦》的启示吧。他们砍断木头作为捣杵,挖掘地面作为捣臼,捣杵、捣臼可以让百姓用来舂米为食,这大约是吸取了《小过卦》

的启迪吧。他们弯曲木条，并在两端系上绳子作弦，制成弓，削刮树枝作为箭矢，弓箭的用处是可以用来威服天下，这大约是受到了《睽卦》的启示吧。

【原文】

上古穴居而野处，后世圣人易之以宫室，上栋下宇，以待风雨，盖取诸《大壮》。古之葬者，厚衣之以薪，葬之中野，不封不树，丧期无数，后世圣人易之以棺椁，盖取诸《大过》。上古结绳而治，后世圣人易之以书契，百官以治，万民以察，盖取诸《夬》。

【白话】

远古的时候，人们冬天居住在洞穴中，夏天露宿在荒野中，后来圣人为防止人们受洪水与猛兽的袭击和免除凄风苦雨严寒暑热之苦，引导人们建筑上有栋梁，下有檐宇的房屋宫室，用它来遮避风雨，抵御寒暑，这大概是受到了《大壮卦》的启示。古时的丧葬办法，是将死者的户体用柴草厚厚地裹起来，埋葬在荒野之中，即不封土堆坟，也不植树立碑，非常简单，丧期又没有一定的限制；后世的圣人发明了棺椁，用棺椁代替了裹尸的柴草，从而改变了过去的丧葬习惯，这大概是吸取了《大过卦》的启示吧。远古的时候没有文字，用结绳作标记的方法记事情，但随着社会的进步，这方法渐渐不适用了。后来圣人发明了契刻文字，改变了记事的方式，百官可以用它来处理政务，万民也用它来作为考察记事的依据，这大概是受了《夬卦》的影响吧。

第 三 章

【原文】

是故《易》者，象也；象也者，像也。彖者，材也；爻也者，效天下之动者也。是故吉凶生而悔吝著也。

【白话】

所以《周易》的内容，主要在于它的象征。象征就是模拟宇宙万物的物像特征。彖辞是解释全卦意义的，反映出一卦的结构；每一卦的六个爻，都是仿效天下万事万物错综复杂的发展动态的，因此在卦象上也就产生了吉凶、悔恨、过失等。

第 四 章

【原文】

阳卦多阴，阴卦多阳。其故何也？阳卦奇，阴卦偶。其德行何也？阳一君而二民，君子之道也；阴二君而一民，小人之道也。

【白话】

阳卦中阴爻多，阴卦中阳爻多，这是什么缘故呢？因为阳卦是以奇数为主（八卦中除乾卦是纯阳之卦外，尚有震卦、坎卦、艮卦是阳卦。在震卦、坎卦、艮卦中，均只有一个阳爻，即是以这个阳爻为主），所以阳少阴多；阴卦是以代表偶数的一个阴爻为主（在八卦中除坤卦是纯阴之卦外，尚有巽卦、离卦、兑卦是阴卦。在巽卦、离卦、兑卦的卦爻中，均只有一个阴爻），因而阴爻少阳爻多。两种卦有什么本质的不同呢？阳卦是一个君主领导百姓，（象征着君主受百姓拥戴，上下齐心协力，）这是君子应当选择的途径；阴卦是两个君主争夺百姓，（象征着君主多而百姓少，一国又不容二君，所以又象征着为争夺君主之位而互相倾轧斗争，而百姓也都怀着二心，无法与君主同心同德）这是小人喜欢选择的途径。

第 五 章

【原文】

《易》曰："憧憧往来，朋从尔思。"子曰："天下何思何虑？天下同归而殊途，一致而百虑？天下何思何虑？日往则月来，月往则日来，日月相推而明生焉；寒往则暑来，暑往则寒来，寒暑相推而岁成焉。往者屈也，来者信也，屈信相感而利生焉。尺蠖（huò 获）之屈，以求信也；龙蛇之蛰，以存身也。精义入神，以致用也；利用安身，以崇德也。过此以往，未之或知也；穷神知化，德之盛也。"

【白话】

《周易·咸卦》九四爻辞说："心神不定而来回徘徊，忧心憧憧而思虑万端，但是朋友们最终会同意和顺从你的意见和想法的。"孔子解释说："人们何必去思考天下的事？何必去忧虑天下的事？天下的人们虽然各自走的道路不一样，但是最终都回归到一个共同的地方，千百种不同的思虑最终结果却是一定的。天下的事何必去思考，何必去忧虑？比如太阳落下去就有月亮升起来，月亮落下去就有太阳升起来，日月相互推移交替，而光明常在。寒冷的冬天刚过去，炎热的夏天又来了，夏季才过去，冬季又将来临，寒暑相易，春秋交替，四时循环往复，年岁的时序因此就形成了。所谓'往'就是弯曲蛰伏；所谓'来'就是伸展开张；弯屈蛰伏和伸展开张互相感应，而利益也就在矛盾的两个方面的交互替易中产生了。毛虫把身子蜷缩起来，正是为了求得伸展；龙蛇一类动物蛰伏冬眠，为得是保存它们的身躯。深入地研究义理，并达到融会贯通而随心所欲的神妙境界，是为了应用；修养德性，安静心神，是为了使道德更加崇高。超过了这种层次再向前发展到极微妙的境界，一般的人就无法企及了。至于彻底研究宇宙的奥秘，了解万物变化的法则，则是最崇高、最伟大的道德了。

【原文】

《易》曰："困于石，据于蒺藜，入于其宫，不见其妻，凶。"子曰："非所困而困焉，名必辱；非所据而据焉，身必危。既辱且危，死期将至，妻其可得见邪？"

【白话】

《周易·困卦》六三的爻辞说："受到坚硬巨石的困阻，退据于遍地蒺藜之地，进退两难，即使是返回到自己的家里，也见不到自己的妻子。这是凶险的征兆。"孔子解释说："在本来不该受窘迫的地方受困，他的名声必然受到损辱；凭据在本来不该凭据的地方，他的身家性命必然会遇到危险，身败名裂，死亡的日期即将来到，那里还能见到他的妻子呢？"

【原文】

《易》曰："公用射隼于高墉之上，获之，无不利。"子曰："隼者，禽也；弓矢者，器也；射之者，人也。君子藏器于身，待时而动，何不利之有？动而不括，是以出而有获，语成器而动者也。"

【白话】

《周易·解卦》上六的爻辞说："王公站在高高的城墙上用弓箭射空中的鹰隼，一箭射中，没有不顺利的。"孔子解释说："鹰隼是飞禽，弓箭是利器，射箭的是能思维选择的人啊！君子将武器带在身上，等待到有利的时机才行动，那里会有什么不顺利呢？一旦开始行动，便毫不迟疑停滞，所以出外射猎就必然有收获，说的是先充分准备好现成的器具后再开始行动。"

【原文】

子曰："小人不耻不仁，不畏不义，不见利不劝，不威不惩。小惩而大戒，此小人之福也。《易》曰：'屦（jù 倨：用麻葛制成的鞋）校灭趾，无咎'，此之谓也。"

【白话】

孔子说："小人不知羞耻，不知仁爱，不知畏惧天理，不知履行道义，看不到眼前利益就不愿意勤奋勉力，感受不到威胁就不知道戒备警惕。受到小的惩罚就能接受大的告戒，（从而不至于闯大祸，）这是小人的福气。《周易·噬嗑卦》初九的爻辞说，'脚上套着刑具，虽然会磨伤脚趾头，（但因此接受了教训，）以后就不会有灾祸了'，说的就是这个道理。"

【原文】

"善不积不足以成名，恶不积不足以灭身。小人以小善为无益而弗为也，以小恶为无伤而弗去也，故恶积而不可掩，罪大而不可解。《易》曰：'何校灭耳，凶。'"

【白话】

（孔子又说）"善的德行不积累，不足以成就善名；恶劣的品行不积累，就不至于灭亡自身。小人以为小的善行没有益处，不屑去做；以为小的恶劣品行没有什么危害，不愿意改过；所以发展到恶贯满盈而无法掩盖，罪大恶极而不可解救。因此《周易·噬嗑卦》上九爻辞说：'肩扛枷锁，磨伤了耳朵，是凶险的象征。'"

【原文】

子曰："危者，安其位者也；亡者，保其存者也；乱者，有其治者也。是故君子安而不忘危，存而不忘亡，治而不忘乱。是以身安而国家可保也。《易》曰：'其亡其亡，系于苞桑。'"

【白话】

孔子说："凡是地位危险的，都是由于以前过于安逸的；凡

323

是灭亡的，都是以前自以为国家可以长存的。凡是发生动乱的，都是以前自以为已将国家治理好的。所以君子应居安思危，虽然国家依然存在，却时刻担心亡国的命运；虽然国家得到了大治，却时时不忘记混乱的局面。只有这样，才能做到自身可保而国家长治久安。《周易·否卦》九五的爻辞说：'心中时常提醒：小心亡国，小心亡国，（国家）就会像系在丛生的桑树上一样安稳无恙。'"

【原文】

子曰："德薄而位尊，知小而谋大，力小而任重，鲜不及矣！《易》曰：'鼎折足，覆公𫗦，其形渥，凶。'言不胜其任也。"

【白话】

孔子说："才德浅薄却身居尊位，智能低下却谋划大事，力量微弱却担负重任，很少有不招灾引祸的。《周易·鼎卦》九四的爻辞说：'鼎（承受不起沉重的负担时就会）折断鼎足，倾翻王公的美食，鼎身被弄脏，会有凶险。'正是说明力不胜任的危险啊！"

【原文】

子曰："知几其神乎？君子上交不谄，下交不渎，其知几乎！几者，动之微，吉之先见者也。君子见几而作，不俟终日。《易》曰：'介于石，不终日，贞吉。'介如石焉，宁用终日？断可识矣！君子知微知彰，知柔知刚，万夫之望。"

【白话】

孔子说："能够预先知道细微的事理，应该算是达到了神妙的境界了吧！君子对上不谄媚阿谀，对下不轻侮傲慢，可以说是预知细微事理了吧！细微的事理是事物机制的微小变化，往往能够预兆事情的吉凶。君子发现了事物机制的细微变化，就迅速行动，当然是神妙了。《周易·豫卦》六二的爻辞说：'耿介正直如同石头，不需一天终了，便能明辩吉凶，必然获得吉祥。'既然品德耿介正直如同石头，当然不需用一整天便能做出明晰的判断。君子能做到既知晓事机细微隐秘的前兆，也知道昭彰明显的结局；既知道阴柔的功用，也知道阳刚的威力；必然受到民众的景仰。"

【原文】

子曰："颜氏之子，其殆庶几乎？有不善，未尝不知；知之，未尝复行也。《易》曰：'不远复，无祗悔，元吉。'"

【白话】

孔子说："颜回这个学生，道德可谓完善了吧？有一点不善的苗头，他自己没有不察觉的，一旦察觉会立即反省改正，很少有再次重犯的。《周易·复卦》初九的爻辞说：'没有走得很远就回复到正道上来，不会造成大的悔恨，这是十分吉祥的。'"

【原文】

"天地絪（yī 因）缊（yùn 运），万物化醇；男女构精，万物化生。《易》曰：'三人行，则损一人；一人行，则得其友。'言致一也。"

【白话】

（孔子说）："天地二气缠绵交感，孕育万物；男女阴阳交合，万物化生。《周易·损卦》六三的爻辞说：'三人共同求一阳，就会损伤阳刚一人，一人专心求合，就会得到真正的朋友。'正是说阴阳相求必须心志专一的道理。"

【原文】

子曰："君子安其身而后动，易其心而后语，定其交而后求；君子修此三者，故全也。危以动，则民不与也；惧以语，则民不应也；无交而求，则民不与也；莫之与，则伤之者至矣。《易》

曰：'莫益之，或击之，立心勿恒，凶。'"

【白话】

孔子说："君子必定先使自身安定，然后才开始行动；必定先使自己心平气和，然后才发表言论；必定先以诚心待人，建立信誉，然后才向人们提出要求；君子能修养好这三种德性，待人处事就不会有偏差失误，与人与己均有益而无害。本身不安定，却硬要行动，百姓就不会拥护追随；色厉内荏，虚言恫吓，人民就不会理睬他；没有取得人民的信任，却向人民提出要求，就不会得到人民的支持。没有人追随、响应和支持，伤害他的人就会接踵而来了。所以《周易·益卦》上九的爻辞说：'没有人帮助他，却有人攻击他，（因他贪得无厌）内心恐惧而无法安定，会出现凶险。'"

第 六 章

【原文】

子曰："《乾》、《坤》、其《易》之门邪？"《乾》，阳物也；《坤》，阴物也。阴阳合德而刚柔有体，以体天地之撰，以通神明之德。其称名也，杂而不越，于稽其类，其衰世之意邪？

【白话】

孔子说："《乾卦》和《坤卦》，难道不是《周易》的门户吗？"《乾卦》代表阳刚的事物，《坤卦》代表阴柔的事物。阴阳的德性相配合而刚柔相互交错贯通，产生一定的形体，用来具体体现天地造化的一切，用来贯通神奇而光明的德性，《周易》卦爻辞所称的事物名称，虽然繁杂却没有超越易理，考察它们表述的事类，或许是表达作者处于衰乱之世的思想吧。

【原文】

夫《易》，彰往而察来，而微显阐幽。开而当名辩物，正言断辞则备矣。其称名也小，其取类也大，其旨远，其辞文，其言曲而中，其事肆而隐。因贰以济民行，以明失得之报。

【白话】

《周易》的宗旨，就是使人清楚过去的事情变故，引为借鉴，用察辨未来事态的演变，显示细微的变易玄机；从而阐明宇宙幽深的道理。《周易》作者撰写文辞来解释卦爻，使64卦386爻的名义合适恰当，使天下物像明辨而不含混，语言中正而不偏差，推论决断完备无缺。《周易》卦爻辞所称述的事物名称虽然细小，但它所喻指的事类却十分广大，而且意义深远，文辞典雅，语言曲折委婉而切中事理，典故明白而哲理深奥。运用《周易》阴柔阳刚双方相辅相成相生相克的变易道理，来帮助百姓行事，就可以使老百姓明辨吉凶得失。

第 七 章

【原文】

《易》之兴也，其于中古乎？作《易》者，其有忧患乎？

【白话】

《周易》的兴起，大概是在中古的商末吧？《周易》的作者，可能是身怀忧患之人吧？

【原文】

是故《履》，德之基也；《谦》，德之柄也；《复》，德之本也；《恒》，德之固也；《损》，德之修也；《益》，德之裕也；《困》，德之辨也；《井》，德之地也；《巽》，德之制也。

【白话】

所以《履卦》教人遵行礼仪，是树立道德的基础；《谦卦》教人谦虚谨慎，是培养道德的前提；《复卦》教人回复到仁善的正路，是遵循道德的根本；《恒卦》教人持久如一，是巩固道德的保证；《损卦》教人克制欲念，克服缺点，是锤炼道德的途径；《益卦》施行仁善而帮助别人，是积累道德的方法；《困卦》教人富贵志不屈，威武节不移，是检验道德的标准；《井卦》教人恪守仁善中正的美德，是储存道德的处所；《巽卦》教人行事要因势利导，顺理成章，是展示道德的规范。

【原文】

《履》，和而至；《谦》，尊而光；《复》，小而辨于物；《恒》，杂而不厌；《损》，先难而后易；《益》，长裕而不设；《困》，穷而通；《井》，居其所而迁；《巽》，称而隐。

【白话】

《履卦》说明怎样平和而顺利地达到目的地；《谦卦》说明只有谨慎谦虚才能被尊重，才能光大美德；《复卦》说明对细小的过失也应明辨，有了偏差要及早回复到正确的路上来；《恒卦》说明在正邪善恶混杂散乱的环境中，应坚守中正的美德，不能厌倦；《损卦》说明损己利人在开始做时较困难，但到后来就容易了；《益卦》说明要长期地施惠于人，而不要故作姿态，哗众取宠；《困卦》说明在艰难困苦时能经受住考验，就会产生转机，从而取得成功；《井卦》说明虽居处在固定处所，也应广泛地施惠布德；《巽卦》说明遇事要因时制宜，把握分寸，还要能不露声色。

【原文】

《履》以和行，《谦》以制礼，《复》以自知，《恒》以一德，《损》以远害，《益》以兴利，《困》以寡怨，《井》以辩义，《巽》以行权。

【白话】

《履卦》的道理可以用来指导行动；《谦卦》的道理可以用来制定礼节；《复卦》的道理可以使人反省过失；《恒卦》的道理可以用来守德，始终不渝；《损卦》的道理可以用来去掉与己有害的东西；《益卦》的道理可以用来兴利除弊；《困卦》的道理可以用来教人任劳任怨；《井卦》的道理可以用来使人明辨义理；《巽卦》的道理可以用来因势利导，便宜行事。

第八章

【原文】

《易》之为书也，不可远。为道也屡迁，变动不居，周流六虚，上下无常，刚柔相易，不可为典要，唯变所适。其出入以度，外内使知惧。又明于忧患与故，无有师保，如临父母。初率其辞，而揆其方，既有典常。苟非其人，道不虚行。

【白话】

《周易》这部书，包含了人生处世的哲学，人们时刻都不能疏远它。它所包含的道理屡屡迁徙推移、变化运动，而不拘泥于一定的格式；各卦的六爻之间周遍流通，上下往来而没有常规；阳刚阴柔相互消长变易，不可固执地拘泥于常规的法则，只有变化才是它惟一的趋向。《周易》可以启发人们行动或宁居都要合乎法度；无论隐退还是扬名都应知道戒惧谨慎，以免除灾祸。又可以使人明察将来的忧患和过去的情况，这样，虽然没有师长的监督保护，却好像父母仍在眼前教诲一样。行动之前就应依据卦爻辞的意旨，推断变化的法则，以便掌握事物变化的经常可循的规律。如果没有贤明的人来探究论述《周易》的道理，《周易》的道理就难以实行了。

第 九 章

【原文】

《易》之为书也,原始要终以为质也。六爻相杂,唯其时物也。其初难知,其上易知;本末也,初辞拟之,卒成之终。若夫杂物撰德,辩是与非,则非其中爻不备。噫!亦要存亡吉凶,则居可知矣。知者观其彖辞,则思过半矣。

【白话】

《周易》作为一部书,是追溯万事万物的根源,归纳万事万物的终结,从而形成用卦象和爻变来探求事物的本质和表达事物变化的本质特征。每卦中刚柔错杂的六爻,只不过是某些物象事理在某一时间的象征而已。每一卦初爻的意义比较难于理解,而上爻的意义却比较容易理解,因为初爻象征事物的本始,故较难理解;上爻则象征事物的末尾与终结,故上爻的意义就容易领会了。初爻的文辞比拟事物产生的开始,到了上爻,事物形象已经完备,而卦意也已形成。至于比拟错综复杂的物象而叙述各卦的阴阳德性,从而辨识事理的是非吉凶,如果撇开中间的四爻,就没有办法理解了。啊!如果能把握住中间四爻的变化规律,那么,即使安安宁宁地呆在家里,也可以知道事物的存亡吉凶。贤能明智的人只要观察研究每卦开始的"彖辞",也能够基本领会该卦的大意了。

【原文】

二与四同功而异位,其善不同;二多誉,四多惧,近也。柔之为道,不利远者;其要无咎,其用柔中也。三与五同功而异位:三多凶,五多功,贵贱之等也。其柔危,其刚胜邪?

【白话】

第二爻和第四爻都在阴位,同具有阴柔的性质,功用相同,但分属上下卦,因此两爻所表达的善恶含义也不同,(每卦中第五爻象征君位,)第二爻居下卦中央,距君位第五爻较远,故诽谤少而赞誉多。第四爻居上卦的下方,最接近象征君位的第五爻,朝夕在君侧,但动辄得咎,不知什么时候会大祸从天降,所以常常怀着恐慌畏惧的心理。阴柔的特点是软弱而比较难于自立,适宜于接近和依附于阳刚而不利于疏远。阴柔的要点在于避免灾难凶险,阴柔的功用是柔顺与守中。第三爻和第五爻,同属阳位,但却分别居于上下卦的不同位置;第三爻处于下卦的最高位,象征位极人臣,易受人猜忌,所以多有凶险;第五爻居于上卦之中,属于九五之尊的领袖之位,象征光明中正,刚健而有力,所以能够多树功勋;这是因为爻位上下包含着尊卑贵贱的关系。能一概地讲阴柔危险而阳刚优胜吗?关键还是要看各爻的尊卑地位才能定。

第 十 章

【原文】

《易》之为书也,广大悉备:有天道焉,有地道焉,有人道焉。兼三才而两之,故六;六者,非它也,三才之道也。道有变动,故曰爻;爻有等,故曰物;物相杂。故曰文;文不当,故吉凶生焉。

【白话】

《周易》这部书,内容博大精深而完备周详:包含有天的道理,包含有地的道理,包含有人的道理。《周易》用三划象征天地人三才,又将每两卦重叠,组成了六划的卦。六划的卦,并无其他的意思，仍然是象征天地人三才的道理（因为天有昼夜，地有水陆，人有男女，所以分为两列而合起来，即初、二爻象征地，三、四两爻象征人，五、上两爻象征天）。《周易》的道在于变化，所以效法并体现这种变化的称作爻。爻有上下远近尊卑贵贱的不同，分别称作物象；物象阴柔阳刚错综复杂，所以就称作文理；文理所构成的形象，所反映的道理，有正当的，也有不正当的，因此就产生了吉凶的象征。

第十一章

【原文】

《易》之兴也，其当殷之末世，周之盛德邪？当文王与纣之事邪？是故其辞危。危者使平，易者使倾；其道甚大，百物不废。惧以终始，其要无咎，此之谓《易》之道也。

【白话】

《周易》的兴起，大约是在商朝的末年，周文王的德业开始兴盛的时期吧？可能是正当周文王在殷纣王手下为臣而产生矛盾冲突的时候吧？所以《周易》卦爻辞中，有许多包含戒惧的意思。知道了凶险就能使人居安思危，警惕谨慎，从而化险为夷，转危为安。反之，不知畏惧谨慎，自大傲慢，浅薄狂妄，遇事掉以轻心，必然会导致灭顶之灾；其中的道理非常广博弘大，万事万物都要遵循这个道理而不能背离。始终畏惧谨慎，丝毫不敢懈怠，主要就是为了求得顺利而没有灾祸，这就是《周易》的道理。

第十二章

【原文】

夫《乾》，天下之至健也，德行恒易以知险；夫《坤》，天下之至顺也，德行恒简以知阻。能说诸心，能研诸侯之虑，定天下之吉凶，成天下之亹亹者。是故变化云为，吉事有祥；象事知器，占事知来。

【白话】

《乾卦》，是天下最刚健的象征，它生机勃勃，屈缩伸展，勇往直前，它的德性作用表现为永久、平易、无私，所以能够知晓天下的凶险；《坤卦》，是天下最柔顺的象征，它柔弱和顺，浑然化育万物，收敛包藏一切，它的德性作用表现为永久而简易，所以能够知晓阻碍。能够知晓凶险与阻隔，就能使人心情欢悦，能将天下事钻研深透，从而能够判断推定天下事物的吉凶，促使天下万物勤勉奋进。所以，人们只要能够遵守《周易》的阴阳变易规律去行动做事，就会有吉祥的事物出现，比拟物像就能明白器物的作用，占卜探究过去的事理，就能推测未来的结局。

【原文】

天地设位，圣人成能；人谋鬼谋，百姓与能。八卦以象告，爻彖以情言；刚柔杂居，而吉凶可见矣。变动以利言，吉凶以情迁；是故爱恶相攻而吉凶生，远近相取而悔吝生，情伪相感而利害生。凡《易》之情，近而不相得则凶；或害之，悔且吝。

【白话】

天地安排了上下尊卑刚柔贵贱的次序，显现造化的功能，圣人仿效天地次序与天地的造化功能，创制了《周易》，从此，人的思虑谋划就与神鬼的思想谋划沟通了，连普通百姓也能通过掌握《周易》的奇妙功用而掌握造化的功能。八卦用比拟物像而产生的卦象来表现事物变易的哲理。卦爻辞，则是拟取事物的情态来告诉人们卦象中阴阳互为消长，事物不断变化的道理；六爻中阳刚阴柔混杂错位，吉凶的征兆就从中显现出来了。阴阳六爻的变动趋时顺理与否，用"利"或"不利"来表达；而事物的吉凶也是依据所比拟事物的推移发展而推移变迁的；所以在相爱与相恶的争斗中，便产生了吉凶，在或远或近、或离或即的取舍中就会有悔恨困吝产生；在真情相交，或者虚与委蛇中，利益与危害就产生了。凡是《周易》中比拟事物情态的卦爻，彼此两相比近却又相恶相敌而互不相容，互不相容就会有凶险；或者受到外来的危害，从而产生深重的悔恨和困吝。

【原文】

将叛者其辞惭，中心疑者其辞枝，吉人之辞寡，躁人之辞多，诬善之人其辞游，失其守者其辞屈。

【白话】

《周易》卦爻辞中比拟表现的事物情态，正与语言随人的内心思想感情而变化的情形相同。例如，将要叛变的人说话时会有惭愧的表情；心中有疑问的人说话时杂乱不清，缺少条理；有道德修养的人说话简洁而精练；浮躁的人说话多而繁杂；诬陷好人的人说话必闪烁其词，而意思游移不定；有失职守的人说话词穷理屈，含混不清。

◇ 说 卦 传 ◇

第 一 章

【原文】

昔者圣人之作《易》也，幽赞于神明而生蓍，参天两地而倚数，观变于阴阳而立卦，发挥于刚柔而生爻，和顺于道德而理于义。穷理尽性以至于命。

【白话】

以前圣人创作《周易》的意图，是为了从根本上深入研究晦幽不明的道理，从而赞祝神明的造化功能，因而创造了用蓍草来占筮的方法。用一、三、五三个奇数代表天，用二、四两个偶数代表地，并从而建立阴阳奇偶数的象征，（一、三、五之合为九，所以用九代表阳；二、四之合为六，所以用六代表阴。）阴阳之数既然已经确立，又观察天地阴阳的变化规律，用阴阳之数演算推导出卦形，引申发挥卦形中阳刚阴柔的道理，就产生了爻变，然后将卦爻中的义理引申到蛤类社会，就产生了道德和礼义；进而深入研究天下万事万物的根本，直至通达知晓天命造化。

第 二 章

【原文】

昔者圣人之作《易》也，将以顺性命之理。是以立天之道曰阴与阳，立地之道口柔与刚，立人之道曰仁与义。兼三才而两之，故《易》六画而成卦；分阳分阳，迭用柔刚，故《易》六位而成章。

【白话】

从前圣人创作《周易》的时候，是为了研究事物的本来德性，并使它们顺合天地自然的变化规律，所以确定天的法则为阴和阳两个方面，确定地的道理为柔和刚两个方面；确定人的道理为"仁"和"义"两方面。《周易》用三爻象征天地人三才，又将象征天地人三才的三爻两两重叠起来，组成了八卦；而每卦中的六爻又分为阴位和阳位（初、三、五为阳位，二、四、上为阴位），阴柔阳刚互相重叠，错综运用，因此《周易》每个卦体都必须具备六个爻位才成章法。

第 三 章

【原文】

天地定位，山泽通气，雷风相薄，水火不相射；八卦相错。数往来顺，知来者逆，是故《易》逆数也。

【白话】

《乾卦》象征天而《坤卦》象征地，天地的位置确定了乾上而坤下的刚柔的配合位置；《艮卦》象征山而《兑卦》象征泽，高山的水流下来汇集为泽，而泽中之水又蒸发上升为云，一高一低，一上一下，气息交流沟通；《震卦》象征雷而《巽卦》象征风，雷与风各自兴动而又相互应和，互相激荡；《坎卦》象征水而《离卦》象征火，水与火性质相反却又相资用；天、地、山、泽、雷、风、水、火这八卦就是这样错综旁通，互相影响，互相感应，既对立又统一。要明白过去的事理，可以顺着推算，要预测未来的趋向，可以逆着推算，（过去的事人人皆知，）所以《周易》的主要功能是追溯往昔从而推测未来的事理。

第 四 章

【原文】

雷以动之，风以散之；雨以润之，日以烜（xuān 宣，晒干）之；《艮》之止之，《兑》以说之；《乾》以君之，《坤》以藏之。

【白话】

《震卦》是阳气被阴气所压之象，象征着雷，用来振奋催动万物复苏与生长；《巽卦》是阴气在阳气下边流通之象，象征风，用来流通散发万物的生机；《坎卦》是外柔内刚之象，象征水，用来滋润万物；《离卦》是外刚内柔之象，象征着太阳，用来照耀天下，温暖万物；《艮卦》是压抑阻隔之象，象征山，用来抑止万物的发展；《兑卦》是调和之象，象征泽，用来和悦万物；《乾卦》是阳刚之象，象征天，统治主宰万物；《坤卦》是阴柔之象，象征地，用来包藏收储万物。

第 五 章

【原文】

帝出乎《震》，齐乎《巽》，相见乎《离》，致役乎《坤》，说言乎《兑》，战乎《乾》，劳乎《坎》，成言乎《艮》。

【白话】

造化万物的元气使万物的生机产生在象征春分的《震卦》，万物生长整齐于象征立夏的《巽卦》，万物显现繁茂在象征夏至的《离卦》，万物役养于象征立秋的《坤卦》，万物成熟欣悦在象征秋分的《兑卦》，万物的交配结合在象征立冬的《乾卦》，万物辛劳于象征冬至的《坎卦》，万物最后长成且又重新萌生于象征立春的《艮卦》。

【原文】

万物出乎《震》，《震》，东方也。齐乎《巽》，《巽》，东南也；齐也者，言万物之絜（xié 谐）齐也。《离》也者，明也，万物皆相见，南方之卦也；圣人南面而听天下，向明而治，盖取诸此也。《坤》也者，地也，万物皆致养焉，故曰致役乎《坤》。《兑》，正秋也，万物之所说也，故曰说言乎《兑》。战乎《乾》，《乾》，西北之卦也，言阴阳相薄也。《坎》者，水也，正北方之卦也，劳卦也，万物之所归也，故曰劳乎《坎》。《艮》，东北之卦也，万物之所成终而所成始也，故曰成言乎《艮》。

【白话】

万物出生于《震卦》，因为《震卦》象征东方，太阳从东方升起照耀万物；《震卦》又象征春分，第一声春雷过后，万物开始复苏萌生。万物生长整齐在《巽卦》，因为《巽卦》代表东南方；所谓生长整齐指的是长得整齐划一。《离卦》是光明的象征，日在中天，所以万物纷纷显现可见。《离卦》又代表南方，帝王坐北向南听取政务，面向光明而治理天下，大概是受了这一卦象的启示吧。《坤卦》是大地的象征，又代表东南方和夏秋之机，万物都依赖着大地的包藏养育，所以说造化将养育万物的劳役交给了《坤卦》。《兑卦》象征着金色的秋天，正是果实累累万物成熟的令人喜悦的季节，所以说《兑卦》代表着成熟和喜悦。《乾卦》代表西北方，太阳在这里落下，所以说光明与黑暗，阴气与阳气在这里互相交合。《坎卦》是水的象征，又代表正北方，也代表勤劳，因为这时万物经过一天的生存忙碌已很劳累，应该休息了，所以说辛勤劳累于《坎卦》。《艮卦》代表东北方，是万物生长过程完结的地方，也是新的循环重新开始的地方，所以说万物最终完成生长又重新萌生于《艮卦》。

第六章

【原文】

　　神也者，妙万物而为言者也。动万物者莫疾乎雷，桡万物者莫疾乎风，燥万物者莫熯（hàn 汉）乎火，说万物者莫说乎泽，润万物者莫润乎水，终万物始万物者莫盛乎《艮》。故水火相逮，雷风不相悖，山泽通气，然后能变化既成万物也。

【白话】

　　所谓神奇，是说自然现象神妙莫测，育化万物。振奋催动万物，没有比雷更迅猛的；吹拂万物，没有比风更快速的；干燥万物，没有比火更热的；和悦万物，没有比泽更平和的；滋润万物，没有比水更湿润的；完结万物的发展，同时又能使万物重新萌生的，没有比《艮卦》更盛大的。所以说水和火相克相生，雷和风相互激发激荡而不相悖离，山和泽互相流通气息而不相阻隔，然后天地间才能运动变化而孕育生成万物。

第七章

【原文】

　　《乾》，健也；《坤》，顺也；《震》，动也；《巽》，入也；《坎》，陷也；《离》，丽也；《艮》，止也；《兑》，说也。

【白话】

《乾卦》表示刚强而健壮;《坤卦》表示柔顺与温和;《震卦》表示振奋和催动;《巽卦》表示无所不入;《坎卦》表示低洼险陷;《离卦》表示依附;《艮卦》表示静止;《兑卦》表示喜悦。

第 八 章

【原文】

《乾》为马,《坤》为牛,《震》为龙,《巽》为鸡,《坎》为豕,《离》为雉,《艮》为狗,《兑》为羊。

【白话】

《乾卦》刚健奋进,故取象为奔腾驰骋的马;《坤卦》温合柔顺,故取象为勤勤恳恳、任劳任怨的牛;《震卦》振奋催动,故取象为腾空而起的龙;《巽卦》表示信风按时而至,故取象为司晨报晓的雄鸡;《坎卦》为水,外柔内刚而积聚于低洼下陷之处,故取象为陷卧泥坑中的猪;《离卦》为火,外部刚烈而内部柔顺,故取象为毛羽光亮、色彩斑斓的山鸡;《艮卦》为山,代表阻隔和静止,故取象为看门守家、禁入止出的狗;《兑卦》为泽,代表欢欣和喜悦,故取象为驯服温顺的羊。

第 九 章

【原文】

《乾》为首,《坤》为腹,《震》为足,《巽》为股,《坎》为耳,《离》为目,《艮》为手,《兑》为口。

【白话】

《乾卦》在上,君临主宰万物,好象人的头;《坤卦》在下,包藏储存万物,好像人的肚腹;《震卦》代表动,好像人走路的脚;《巽卦》代表顺从,好像人随脚而动的大腿;《坎卦》代表陷,好像人的耳朵;《离卦》代表光明,好像人的眼睛;《艮卦》代表停止,好像人用来把持物品并可使其停止的手;《兑卦》代表喜悦,而人口中吐出的语言可以让人喜悦,所以《兑卦》就好像人的口。

第 十 章

【原文】

《乾》,天也,故称乎父;《坤》,地也,故称乎母;《震》一索而得男,故谓之长男;《巽》一索而得女,故谓之长女;《坎》再索而得男,故谓之中男;《离》再索而得女,故谓之中女;《艮》三索而得男,故谓之少男;《兑》三索而得女,故谓之少女。

【白话】

《乾卦》是天的象征,所以称作父;《坤卦》是地的象征,所以称作母。乾父坤母互相求合而得男女。《震卦》代表初次求合所得的长男;《巽卦》代表初次求合所得的长女;《坎卦》代表再次求合所得的中男;《离卦》代表再次求合所得的中女;《艮卦》代表三次求合所得的少男;《兑卦》代表三次求合所得的少女。

第十一章

【原文】

《乾》为天，为圜（huán环），为君，为父，为玉，为金，为寒，为冰，为大赤，为良马，为老马，为瘠马，为驳马，为木果。

【白话】

《乾卦》代表天，像周转运动的圆环，又像主宰人间的君王，像家庭中的父亲，又像坚硬清明的玉石，像性质坚硬刚强的金属，又具有寒冷的象征，像冰，又有大红的色彩，像良马、像老马、像瘦马、像猛马，像树上的果实。

【原文】

《坤》为地，为母，为布，为釜，为吝啬，为均，为子母牛，为大舆，为文，为众，为柄，其于地也为黑。

【白话】

《坤卦》代表地，像柔顺慈祥的母亲，像流布四方的钱币，又像盛物的锅，既有吝啬的属性，又有平均的特点，像母牛爱护子牛，像大车负重载物，有斑驳的色彩，又有众多的特点，像执物的把柄，对于地来说代表黑色土壤。

【原文】

《震》为雷，为龙，为玄黄，为旉（fū孚），为大涂，为长子，为决躁，为苍筤（láng郎），竹，为萑（huán环）苇；其于马也为善鸣，为馵（zhù注）足，为作足，为的颡；其于稼也为反生，其究为健，为蕃鲜。

【白话】

《震卦》代表雷，像一条腾空而起的神龙，有青黄色交杂的颜色，像花朵，像宽阔的大道，既是长男的象征，又有刚决振动的特征，像刚破土萌生的青嫩幼竹，像外圆中空，拔节而动的蒹葭；对于马来说，像嘶鸣的马，又像后蹄长白毛的马，像奔腾的骏马，又像白额马；对于庄稼来说，如同萌发的新芽顶着种子的外壳而生长，这个卦发展到极点就会变得刚健好动，从而出现草木繁茂的景象。

【原文】

《巽》为木，为风，为长女，为绳直，为工，为白，为长，为高，为进退，为不果，为臭（xiù嗅）；其于人也为寡发，为广颡，为多白眼，为近利市三倍；其究为躁卦。

【白话】

《巽卦》代表树木，代表着无所不至的风，代表长女，像笔直的准绳，又有工巧的象征；代表白色，又象征长，有居高临下的特性，又有进退审慎的优点，有遇事迟疑不决的缺陷，又代表各种气味；对于人来说，如同头发稀少，又好似额头宽广，像用白眼看人，像做买卖一定要获取三倍利润的商人；这个卦发展下去就会变得急躁起来。

【原文】

《坎》为水，为沟渎，为隐伏，为矫𫐓，为弓轮；其于人也为加忧，为心病，为耳痛，为血卦，为赤；其于马也为美脊，为亟（jí极）心，为下首，为薄蹄，为曳；其于舆也为多眚，为通，为月，为盗；其于木也为坚多心。

【白话】

《坎卦》代表水，像沟渠，能渗入地下隐藏，有曲有直，像弯弓与转轮；对于人来说，表示有重重忧虑，如同内心患病一样,如同耳中疼痛一样,好似血水外流,其色彩为红色;对于马来说,像一匹背脊圆浑美丽的马,像心中烦燥焦急,四只蹄子频频踢踏着地面的马,像垂头丧气的马,像一匹艰难拖曳前进的马;对于车辆来说,又象征着车子在行进中多灾多难,还象征通达流畅,象征着月亮,象征有盗贼;对于树木来说,表示十分坚硬且生有小刺。

【原文】

《离》为火,为日,为电,为中女,为甲胄,为戈兵;其于人也为大腹,为乾(gān干)卦,为鳖,为蟹,为蠃(luǒ裸),为蚌,为龟,其于木也为科上槁。

【白话】

《离卦》代表火,像太阳炙烤炎热,像闪电一样迅疾可见,代表中女,代表盔甲,代表兵器;对于人来说,犹如身怀六甲的大腹孕妇;又有干燥的特性,《离卦》外刚内柔,如同水中的鳖、蟹、螺、蚌、龟等,外壳刚硬而内中柔软;对于树木来说,好比树身腐朽中空,树的上半部枝干枯槁。

【原文】

《艮》为山,为径路,为小石,为门阙,为果蓏(luǒ裸),为阍(hūn昏)寺,为指,为狗,为鼠,为黔喙之属,其于木也为坚多节。

【白话】

《艮卦》代表山,像羊肠小道,像小石头,像高大的门阙,像瓜果,像守宫门者和宦官,像人的手指,像守门的狗,像穴居的家鼠;拿树木来比方,好比坚梗而多节的树。

【原文】

《兑》为泽,为少女,为巫,为口舌,为毁折,为附决;其于地也为刚卤（lǔ 鲁），为妾，为羊。

【白话】

《兑卦》代表泽，像少女，像向鬼神祷告的巫师，像说话的口舌，象征毁灭性的挫折和损害，象征附从决断；对于土地来说，好比土质坚硬，寸草不生，像温顺的小妾，像驯服的绵羊。

◇ 序 卦 传 ◇

【原文】

有天地然后万物生焉。盈天地之间者唯万物,故受之以《屯》;屯者盈也,屯者物之始生也。物生必蒙,故受之以《蒙》;蒙者蒙也,物之穉也。物穉不可不养也,故受之以《需》;需者,饮食之道也。饮食必有讼,故受之以《讼》。讼必有众起,故受之以《师》。

【白话】

有了天地以后,万物才开始产生,《周易》以《乾卦》、《坤卦》代表天地。充满天地之间的只有万物萌生时的元气,所以在《乾卦》和《坤卦》后边接着便是象征事物初生的《屯卦》;"屯"的意思表示在阴阳初交时孕育万物的元气充塞盈满天地之间,"屯"的意思还表示万物开始萌生。万物在刚萌生的时候都是蒙昧无知的,所以接着就是《蒙卦》。"蒙"的意思就是蒙昧,也就是万物初生后很幼稚的意思。事物幼稚就不能不加以细心养育,所以接着就是表示这种需要的《需卦》。"需"含有需要饮食的意思。而要解决饮食的需求问题,就会产生生存竞争,因此必然会有争讼,所以接下去是《讼卦》。如果打官司都解决不了问题,必然会产生更大的纠纷,也就必然需要纠集众人的力量,所以接着就是象征"兵众"的《师卦》。

【原文】

师者众也,众必有所比,故受之以《比》;比者比也。比必有所畜,故受之以《小畜》。物畜然后有礼,故受之以《履》。履而泰,然后安,故受之以《泰》;泰者通也,物不可以终通,故受之以《否》。物不可以终否，故受之以《同人》。与人同者，物必归焉，故受之以《大有》。有大者不可以盈，故受之以《谦》。有大而能谦必豫，故受之以《豫》。豫必有随，故受之以《随》。以喜随人者必有事，故受之以《蛊》；蛊者事也。

【白话】

"师"是兵士众多的意思，兵士众多就必然需要密切关系，相互辅助，所以接下来是象征亲密互助的《比卦》；"比"是彼此扶助的意思。彼此亲密互助，力量就会有所畜存集聚，所以接下去是象征"略有畜聚"的《小畜卦》。有了一定的蓄积，往往产生分配问题，就需要用礼仪法规约束人们的行为，所以接下去是象征"小心行事，遵守礼法"的《履卦》。遵循礼法而谨慎行事，导致万事通顺安泰，所以接下去是象征通畅安泰的《泰卦》。"泰"是安泰亨通的意思，但是事物发展到了极点就会转向它的反面，所以接下去是象征闭塞、混乱、衰败、黑暗的《否卦》。同样的道理，事物也不可能永远闭塞与衰败，所以接着是代表"和同与人"的《同人卦》。能够与人和睦共处，各方面必然得到收获，所以接着是象征"大获所有"的《大有卦》。事业有成就的人不应该骄傲自满，必须谦虚谨慎，所以接着是象征"谦逊"的《谦卦》。既有宏大的事业而自己又谦虚的人，同事皆能做得恰如其分，因之心里必定欢乐愉快，所以接着就是象征欢乐愉快的《豫卦》。能与人共欢乐的人，必定有人追随，所以接着是象征"追随"的《随卦》。但是投人所好，讨人欢欣而追随于人左右的人必然会生事，所以接着是象征"惑乱而多事"的《蛊卦》。蛊含有整治事务，解决事端的意思。

【原文】

有事而后可大，故受之以《临》；临者大也。物大然后可观，故受之以《观》。可观而后有所合，故受之以《噬嗑》；嗑者合也。物不可以苟合而已，故受之以《贲》；贲者饰也。致饰然后亨则尽矣，故受之以《剥》，剥者剥也。物不可以终尽，剥穷上反下，故受之以《复》。复则不妄矣，故受之以《无妄》。

【白话】

在除弊治乱、解决事端以后，功业就更加发展、宏大，所以接着是象征着居高临下来统治的《临卦》。"临"含有功业盛大而君临天下的意思。功业盛大、地位崇高，就受人敬重，所以接着就是象征景仰的《观卦》。受人景仰更需使上下德性有所融合，所以接着是象征契合的《噬嗑卦》。"嗑"就是契合的意思。但是万物不能苟且求合，所以接着是象征"文饰"的《贲卦》。"贲"是文饰装扮的意思。过分致力于文饰装扮，以后就会产生弊病，就会衰败，所以接着就是象征衰败的《剥卦》。"剥"就是衰败剥落的意思。但是事物不会永久衰败，衰败到极点时就会回返，所以接下去是象征"回复"的《复卦》。能回复正道就不至于自大妄为，所以接下去是象征"不自大妄为"的《无妄卦》。

【原文】

有无妄然后可畜，故受之以《大畜》。物畜然后可养，故受之以《颐》；颐者养也。不养则不可动，故受之以《大过》。物不可以终过，故受之以《坎》；坎者陷也。陷必有所丽，故受之以《离》；离者丽也。

【白话】

谨慎小心而不自大妄为，就可以大有所获，所以接下去是象征"大有积蓄"的《大畜卦》。大有蓄积后就能养育，所以接着是象征养人养贤养天下的《颐卦》，"颐"就是颐养的意思。没有充足的颐养准备，而硬要行动，就会因超过中正的限度而犯错误，所以接下去就是象征"十分过分"的《大过卦》。事物不能一直处于超越极限的状态，（也就是凡事不能太过分），超过了极限就会产生凶险，所以接下去是象征"险陷"的《坎卦》：

"坎"就是陷落而危险的意思。因陷落而危险的事物必须经过外力的援救，依附在外物上面才能脱险。所以接下去是象征"附丽"（附丽即附着的意思）的《离卦》。"离"就是攀附或附丽的意思。

【原文】

有天地然后有万物，有万物然后有男女，有男女然后有夫妇，有夫妇然后有父子，有父子然后有君臣，有君臣然后有上下，有上下然后礼义有所错。夫妇之道不可以不久也，故受之以《恒》；恒者久也。物不可以久居其所，故受之以《遁》；遁者退也。物不可以终遁，故受之以《大壮》。物不可以终壮，故受之以《晋》；晋者进也。进必有所伤，故受之以《明夷》；夷者伤也。伤于外者必反其家，故受之以《家人》。家道穷必乖，故受之以《睽》，睽者乖也。

【白话】

有了天地，然后才产生万物。产生出了万物以后才分别出男性女性，有了男性女性然后才匹配成夫妇。有了夫妇以后，双方会繁衍后代，因此就产生了父子。有了父子关系以后就产生了君臣关系，有了君臣关系以后就产生了上下尊卑、高低贵贱的等级之分，有了上下尊卑、高低贵贱的等级之分，则有必要建立起礼仪秩序。夫妇匹配的道理不能不永久存在，所以《咸卦》之后接着是象征长久的《恒卦》，"恒"就是长久的意思。事物不可能长久地停留在一个地方，总要发展变化，进退运动，所以接下去是《遁卦》。"遁"就是退避远去的意思。但事物同样不能总是退藏，总会重新振兴壮大的，所以接下去是象征强盛壮大的《大壮卦》。事物总在运动，不进则退，所以事物不可能始终壮大，必须不断地进取才行，所以接下去是象征"进取"的《晋卦》。"晋"就是前进上升的意思。向前进取就必然的所损伤，所以接着是象征"光明受到殒伤"的《明夷卦》。"夷"就是损伤的意思，在外边受了伤的人必然要回到家里治疗休养，所以接下去是象征家庭慰藉的《家人卦》。家道败落而流于穷困，就有可能产生种种事端，所以接下去是象征"乖背睽违"的《睽卦》。"睽"就是违背的意思。

【原文】

乖必有难，故受之以《蹇》；蹇者难也。物不可以终难，故受之以《解》；解者，缓也。缓必有所失，故受之以《损》。损而不已必益，故受之以《益》。益而不已必决，故受之以《夬》；夬者决也。决必有所遇，故受之以《姤》；姤者遇也。物相遇而后聚，故受之以《萃》；萃者聚也。聚而上者谓之升，故受之以《升》。升而不已必困，故受之以《困》。困乎上者必反下，故受之以《井》。

【白话】

行为乖背睽违必定招致灾难，所以接下去是象征灾难的《蹇卦》。"蹇"就是灾难的意思。但事物又不会始终处于灾难之中，灾难会慢慢松缓解除，所以接着是象征舒散松缓的《解卦》。"解"就是舒缓松散的意思。要舒缓松散必定有所失，所以接下去是象征损失与减损的《损卦》。能够不停地减损自己而增益别人，最终自己也会受益，所以接着是象征增益的《益卦》。但增益不断必将会盈满，盈满了就要流溢出来而果断地排弃掉，所以接着是象征果断的《夬卦》。"夬"的意思就是果断地除去阴邪的意思。除去阴邪必然会遇到吉祥，所以接下去是象征"相遇"的《姤卦》。"姤"就是邂逅，即不期而遇的意思。事物相遇后就会聚合起来，所以接着是象征聚集的《萃卦》。"萃"就是聚集的意思。聚集起来就会发展壮大，不断上升，所以接下去是象征事物发展上升的《升卦》。不断上升，就必然会高高在上而孤立无援，陷入困境，所以接着是象征困穷的《困卦》。在上面受到困穷窘迫，必定要重新回归到下面，所以接下去是象征通达而处于下面的《井卦》。

【原文】

井道不可不革，故受之以《革》。革物者莫若鼎，故受之以《鼎》。主器者莫若长子，故受之以《震》；震者动也。物不可以终动，止之，故受之以《艮》；艮者止也。物不可以终止，故受之以《渐》；渐者进也。进必有所归，故受之以《归妹》。得其所归者必大，故受之以《丰》；丰者大也。

【白话】

（时间长久了，水井就会污秽，所以）保持水井清洁甘甜的方法是不能不掏掘（变革），所以接着是象征"革新"的《革卦》。而变革事物的性质，没有比化生为熟的鼎的效果更显著的，所以接下去是《鼎卦》。主持用鼎器祭祀的人，没有比长子更合适的，所以接下去是象征"长子"的《震卦》。"震"是振奋鼓动的意思，但是事物不能始终振奋，到一定时候就必须使其静止，所以接下去是象征"抑止"的《艮卦》。"艮"就是抑止或静止的意思。但是事物又不能始终被阻止或压抑，总是要逐渐发展的，所以接下去是象征"渐进"的《渐卦》。"渐"是循序渐进的意思。能前进就必然的归宿，所以接着是象征"少女出嫁"的《归妹卦》。事物得到其理想的好归宿，就会发展得强大起来，所以下面便是象征"丰盛强大"的《丰卦》。"丰"就是盛大的意思。

【原文】

穷大者必失其居，故受之以《旅》。旅而无所容，故受之以《巽》；巽者入也。入而后说之，故受之以《兑》；兑者说也。说而后散之，故受之以《涣》；涣者离也。物不可以终离，故受之以《节》。节而信之，故受之以《中孚》。有其信者必行之，故受之以《小过》。有过物者必济，故受之以《既济》。物不可穷也，故受之以《未济》终焉。

【白话】

穷奢极欲，盛大到极点的人，就必然要丧失他的居住处所，（而失掉处所后只能流浪在外）所以接下去是象征旅行在外的《旅卦》。在外到处旅行却无容身的处所，（因此必须顺从别人，才能得以栖身。）所以接着是象征"顺从"的《巽卦》。"巽"的意思就是顺从而无所不入的意思。只有进入栖身的居住以后，心中才能感到安慰和喜悦，所以接着是象征"喜悦"的《兑卦》。"兑"就是喜悦的意思。喜悦之情在喜悦之后会慢慢消散，所以接着是象征"消散"的《涣卦》。"涣"就是离散消弭的意思。事物不可能始终无节制的离散，所以接下去是象征"节制"的《节卦》。凡事有所节制，就不会超越极限，这样能使人相信，所以接着是象征"中心诚信"的《中孚卦》。"孚"是信的意思。有诚信的人必然十分果断地去覆行他的职责，所以接着是象征"小有过越"的《小过卦》。"小过"是略有过分的意思，干事情如能超越常情，保持冷静清醒的头脑，高瞻远瞩，就必然能成就大事，所以接着是象征"事已成功"的《即济卦》。事物的发展不会穷尽，不会终止，总是周而复始，继续变化发展，所以接下去是象征"事情没有完成"或"事物未曾终止"的《未济卦》，作为《周易》六十四卦的终结，象征着天道循环不已，万物永恒在变的道理，照应"易者，变也"的宗旨。

◇ 杂 卦 传 ◇

【原文】

《乾》刚《坤》柔，《比》乐《师》忧；《临》、《观》之义，或与或求。《屯》见而不失其居，《蒙》杂而著。《震》起也，《艮》止也；《损》、《益》盛衰之始也。《大畜》时也；《无妄》灾也。《萃》聚而《升》不来也，《谦》轻而《豫》怠也。《噬嗑》食也，《贲》无色也；《兑》见而《巽》伏也。《随》无故也，《蛊》则饬也。《剥》烂也，《复》反也。《晋》昼也，《明夷》诛也；《井》通而《困》相遇也。

【白话】

《乾卦》为阳，刚健而好动，《坤卦》为阴，柔顺而好静。《比卦》亲密比辅而欢乐，《师卦》仇视争战而忧虑。《临卦》与《观卦》的含义，或者是给与，或者是追求。《屯卦》显现万物的生机而使新萌生的事物不丧失安身的处所，《蒙卦》启示童稚于明暗之际，虽然繁杂，但是效果显著。《震卦》催人奋起，《艮卦》则表示抑止的意思。《损卦》和《益卦》是壮盛和衰败互相转化的开始。《大畜卦》表示广为畜积；《无妄卦》是说不可随意妄为。《萃卦》是聚集共处，而《升卦》是只上升不返回。《谦卦》是谦虚谨慎，轻自己而重别人。《豫卦》是纵乐而产生懈怠。《噬嗑卦》是像吃饭一样上下契合，《贲卦》是文饰却无法掩盖本质。《兑卦》是欣悦表现出来，而《巽卦》却表示随顺服从。《随卦》是随从向善。《蛊卦》则是整弊治乱。《剥卦》是成熟剥落而开始腐烂。《复卦》是恢复到原来的状态。《晋卦》犹如红日高照，万物欣欣生长，《明夷卦》却是光明完全被黑暗掩盖，象征着美好的事物被扼杀。《井卦》是通达流畅，无往不利；《困卦》却是前途受阻而举步维艰。

【原文】

《咸》速也，《恒》久也；《涣》离也，《节》止也。《解》缓也，《蹇》难也。《睽》外也，《家人》内也；《否》、《泰》反其类也。《大壮》则止，《遁》则退也。《大有》众也，《同人》亲也；《革》去故也，《鼎》取新也；《小过》过也，《中孚》信也。《丰》多故也，亲寡《旅》也；《离》上而《坎》下也。《小畜》寡也，《履》不处也。《需》不进也，《讼》不亲也。《大过》颠也，《姤》遇也，柔遇刚也。《渐》女归待男行也。《颐》养正也，《既济》定也；《归妹》女之终也，《未济》男之穷也。《夬》决也，刚柔决也；君子道长，小人道忧也。

【白话】

《咸卦》是表示感应转瞬即逝。《恒卦》是长远与永久的意思。《涣卦》是涣散离开的意思，《节卦》是通过节制抑止离散的意思。《解卦》是松懈舒缓的意思。《蹇卦》是路途山重水复，坎坷艰难的意思。《睽卦》是背离于外的意思，《家人卦》是和睦地聚集在内的意思。《否卦》和《泰卦》，一闭塞，一通达，两者的意义完全相反。《大壮卦》是说强盛到适当的时候就应停止，《遁卦》则是暂时退避的意思。《大有卦》是能得众才富有的意思。《同人卦》则是人与人彼此相亲的意思。《革卦》是革除陈规旧习，《鼎卦》的核心是发展出新。《小过卦》是指略为过分，《中孚卦》是说诚信于心。《丰卦》是丰盛过度就会产生变故的意思，《旅卦》是诱居于外，不见亲朋的意思。《离卦》象征火焰向上而《坎卦》表示水流向下。《小畜卦》是畜积不多，《履卦》是指要循礼行事，不遑宁处。《需卦》是审慎等待而不鲁莽冒进，《讼卦》是诉讼纷争而无法相亲近。《大过卦》颠倒常理，隐伏危机，《姤卦》表示不期而遇，阴柔遇到阳刚，

《渐卦》是说女子出嫁，只等男子礼备而成行。《颐卦》是说颐养身心而固守正中之道。《即济卦》是说女子嫁给了理想的人家，有了好的归宿。《未济卦》表示男子受困穷，而事业无成。《夬卦》表示决断，意思是说阳刚决定阴柔，象征着君子之道宽广，而小人之道困穷。

◇ 附　录 ◇

主要参考书目

先　秦

《子夏易传》十一卷　　　　　　　　　　（周）卜　商撰
　　　　通志堂经解本
《周易吕氏义》一卷　　　　　　　　　　（秦）吕不韦撰
　　　　　　　　　　　　　　　　　　　（清）王仁俊辑
　　　　玉函山房辑佚书续编

汉

《周易古五子传》一卷　　　　　　　　　（清）马国翰辑
　　　　玉函山房辑佚书
《周易韩氏传》二卷　　　　　　　　　　（汉）韩　婴撰
　　　　　　　　　　　　　　　　　　　（清）马国翰辑
　　　　玉函山房辑佚书
《周易淮南九师道训》一卷　　　　　　　（汉）刘　安撰
　　　　　　　　　　　　　　　　　　　（清）马国翰辑
　　　　玉函山房辑佚书
《周易贾氏义》一卷　　　　　　　　　　（汉）贾　谊撰
　　　　　　　　　　　　　　　　　　　（清）王仁俊辑
　　　　玉函山房辑佚书续编
《周易董氏义》一卷　　　　　　　　　　（汉）董仲舒撰

　　　　　　　　　　　　　　　　　　　（清）王仁俊辑

　　玉函山房辑佚书续编
《周易孟氏章句》二卷　　　　　　　（汉）孟　喜撰
　　　　　　　　　　　　　　　　　　　（清）马国翰辑

　　玉函山房辑佚书
《京氏易传》三卷　　　　　　　　　　（汉）京　房撰
　　　　　　　　　　　　　　　　　　　（吴）陆　绩注

　　四部丛刊本
《周易刘氏义》一卷　　　　　　　　　（汉）刘　向撰
　　　　　　　　　　　　　　　　　　　（清）王仁俊辑

　　玉函山房辑佚书续编
《周易马氏传》三卷　　　　　　　　　（汉）马　融撰
　　　　　　　　　　　　　　　　　　　（清）马国翰辑

　　玉函山房辑佚书
《周易荀氏注》三卷　　　　　　　　　（汉）荀　爽撰
　　　　　　　　　　　　　　　　　　　（清）马国翰辑

　　玉函山房辑佚书
《周易郑康成注》一卷　　　　　　　　（汉）郑　玄撰
　　　　　　　　　　　　　　　　　　　（宋）王应麟辑

　　四部丛刊本

三　国

《十三经注疏·周易兼义九卷附音义一卷注疏·校勘记九卷释文校勘记一卷》

　　　　　　　　　　　　　　　　　　　（魏）王　弼撰
　　　　　　　　　　　　　　　　　　　（晋）韩康伯注
　　　　　　　　　　　　　　　（唐）孔颖达正义音义
　　　　　　　　　　　　　　　　　　　（唐）陆德明撰

　　　　　　　　　　　　　　　　　　　　（清）阮　元撰

　　　　中华书局影印本

晋

　　《周易干氏注》三卷　　　　　　　　　（晋）干　宝撰

　　　　　　　　　　　　　　　　　　　　（清）马国翰辑

　　　　玉函山房辑佚书

南北朝

　　《周易周氏义疏》一卷　　　　　　　　（陈）周弘正撰

　　　　　　　　　　　　　　　　　　　　（清）马国翰辑

　　　　玉函山房辑佚书

隋唐

　　《周易何氏讲疏》　　　　　　　　　　（隋）何　妥撰

　　　　　　　　　　　　　　　　　　　　（清）马国翰辑

　　　　玉函山房辑佚书

　　《周易释文》　　　　　　　　　　　　（唐）陆德明撰

　　　　通志堂经解本

　　《周易集解》十七卷　　　　　　　　　（唐）李鼎祚撰

　　　　四库全书本

　　《周易举正》三卷　　　　　　　　　　（唐）郭　京撰

　　　　四库全书本

宋

　　《易童子问》三卷　　　　　　　　　　（宋）欧阳修撰

　　　　四部丛刊本

　　《横渠先生易说》三卷　　　　　　　　（宋）张　载撰

　　　　通志堂经解本

《温公易说》六卷　　　　　　　　　　（宋）司马光撰
　　四库全书本
《易传》四卷　　　　　　　　　　　　（宋）程　颐撰
　　四库全书本
《东坡易传》九卷　　　　　　　　　　（宋）苏　轼撰
　　四库全书本
《紫岩易传》十卷　　　　　　　　　　（宋）张　浚撰
　　四库全书本
《周易义海撮要》十二卷　　　　　　　（宋）李　衡撰
　　四库全书本
《复斋易说》六卷　　　　　　　　　　（宋）赵彦肃撰
　　四库全书本
《周易本义》十二卷　　　　　　　　　（宋）朱　熹撰
　　　　　　　　　　　　　　　　　　（宋）吕祖谦音训
　　西京清麓丛书正编
《周易玩辞》十六卷　　　　　　　　　（宋）项安世撰
　　四库全书本
《古典易》一卷　　　　　　　　　　　（宋）吕祖谦等编
　　通志堂经解本
《周易总义》二十卷　　　　　　　　　（宋）易　祓撰
　　四库全书本
《俞氏易集说》十三卷　　　　　　　　（宋）俞　琰撰
　　四库全书本

元

《周易本义附录纂注》十五卷　　　　　（元）胡一桂撰
　　通志堂经解本
《周易本义通释》十二卷　　　　　　　（元）胡炳文撰

通志堂经解本

明

《周易说翼》五卷　　　　　　　　　　　（明）吕　柟撰
　　吕泾野五经说
《周易集注》十六卷　　　　　　　　　　（明）来知德撰
　　四库全书本
《易象正》十六卷　　　　　　　　　　　（明）黄道周撰
　　四库全书本

清

《周易稗疏》四卷　　　　　　　　　　　（清）王夫之撰
　　四库全书本
《周易观象》十二卷　　　　　　　　　　（清）李光地撰
　　四库全书本
《周易浅述》八卷　　　　　　　　　　　（清）陈梦雷撰
　　四库全书本
《周易述》二十三卷　　　　　　　　　　（清）惠　栋撰
　　四库全书本
《易通释》二十卷　　　　　　　　　　　（清）焦　循撰
　　皇清经解本
《虞氏易象汇编》一卷　　　　　　　　　（清）方　申撰
　　方氏易学五书
《易贯》五卷　　　　　　　　　　　　　（清）俞　樾撰
　　皇清经解本续编
《周易集解纂疏》十卷　　　　　　　　　（清）李道平撰
　　丛书集成初编
《九家易象辨证》一卷　　　　　　　　　（清）纪　磊撰

吴兴丛书本

《六十四卦经解》　　　　　　　　　　　（清）朱骏声撰
中华书局 1958 年版本

近　人

《周易尚氏学》　　　　　　　　　　　　　　　尚秉和撰
中华书局 1980 年版

《周易大传今注》　　　　　　　　　　　　　　高　亨撰
齐鲁书社 1979 年版本

《重定周易费氏学》　　　　　　　　　　　　　马其昶撰
集虚草堂丛书本

《马王堆帛书周易六十四卦释文》
《文物》杂志 1984 年第三期

《周易译注》　　　　　　　　　　　　黄寿祺　张善文撰
上海古籍出版社 1989 年版本

《周易全解》　　　　　　　　　　　　金景芳　吕绍纲著
吉林大学出版社 1989 年版本

《易经入门》　　　　　　　　　　　　　　　孙振声编著
文化艺术出版社 1988 年版本

《古易新编》　　　　　　　　　王赣　牛力达　刘兆玖合著
黄河出版社 1988 年版本